识干家

企業閱讀　學以致用

企业融资

投资人没告诉你的那些事

杨军——著

中华工商联合出版社

图书在版编目（CIP）数据

企业融资：投资人没告诉你的那些事 / 杨军著．—
北京：中华工商联合出版社，2021.11
ISBN 978-7-5158-3125-1

Ⅰ.①企… Ⅱ.①杨… Ⅲ.①企业融资－通俗读物
Ⅳ.①F275.1－49

中国版本图书馆 CIP 数据核字（2021）第 192917 号

企业融资：投资人没告诉你的那些事

作　　者：杨　军
出 品 人：李　梁
责任编辑：于建廷　效慧辉
装帧设计：李　冬
责任审读：傅德华
责任印制：迈致红
出版发行：中华工商联合出版社有限责任公司
印　　刷：河北宝昌佳彩印刷有限公司
版　　次：2021 年 12 月第 1 版
印　　次：2021 年 12 月第 1 次印刷
开　　本：710mm×1000mm　1/16
字　　数：162 千字
印　　张：13
书　　号：ISBN 978-7-5158-3125-1
定　　价：68.00 元

服务热线：010－58301130－0（前台）
销售热线：010－58301132（发行部）
010－58302977（网络部）
010－58302837（馆配部、新媒体部）
010－58302813（团购部）
地址邮编：北京市西城区西环广场 A 座
19－20 层，100044
http：//www.chgslcbs.cn
投稿热线：010－58302907（总编室）
投稿邮箱：1621239583@qq.com

导读

点一盏灯，照亮创业路

从大众创业、精益创业到科学创业，虽然媒体上报道90后创业一年半就身价几十亿元只是极小的概率，但每年进入创业大军的人数却没有丝毫减少。

在我从事创业融资服务的几年时间里，经常见到这样的现象：

市面上有各种打着投资机构幌子的培训中介公司，号称对创业者的项目很感兴趣，可以安排董事长一对一见面交谈，而且不成功投资不收费，只要699元参加路演会议。结果进入交上万元的培训班，还有收考察费、尽调费、律师费、风险评估报告费、担保费等连环骗局，令创业者防不胜防，有的损失几万元，甚至几十万元，本来就缺钱，结果还被这些不良投资机构坑害。

还有的创业者不懂得如何写商业计划书，以为上网下载一个商业计划书（BP）模板，把上万字的Word文字复制一下就可以了，想想也知道投资人根本不感兴趣，弃之于垃圾桶。所以，写好商业计划书是一块敲门砖，必须让投资人感兴趣、并进行约谈。

当有投资人跟创业者交流时，问项目估值是多少时，创业者根本没想过这个问题。他可能认为目前工资加房租需要多少钱，项目大概就值这么多钱，根本不懂项目如何估值的方法，这让投资人哭笑不得。估值艺术也是科学创业必须掌握的一门学问。

针对创业融资路上的各种风险，我通过六年的早期天使投资、融资辅导工作经验，从发表在“创投智达”公众号上的几百篇文章中精选优化成了这本书。本书共八章内容，分为知己知彼：投资公司鲜为人知的秘密；如何写出让投资人眼前一亮的商业计划书；你的项目值多少钱，如何估值才合理；参加创赛路演如何获得成功；学会与投资人打交道；投资协议中有哪些陷阱；如何鉴别投资机构是否靠谱；如何设置合伙人股权分配与股权激励。

每章内容都是我在跟创业者的对接中发生的真实案例，里面没有金融、资本方面的深奥专业词汇，读起来让你觉得像跟一位老朋友喝茶聊天一样轻松，但收获不小。

我于 2015 年从事早期投资，跟一些知名投资人学习过很多投资实操方法，也创过业，定位为中国融资合伙人，成功辅导过数十家企业并获得融资，多次担任创业大赛的评委，愿意通过本书把所学所得告诉大家。

本书的读者定位为创业者、财务顾问、早期投资人，愿大家在创业融资的路上越走越宽，少走弯路，直达资本。

杨军于深圳

2021 年 8 月

目录

第一章

知己知彼：投资公司鲜为人知的秘密

第一节　投资公司的内部机制是怎样的

◎投资公司的有限合伙人和普通合伙人是什么关系

很多创业者在各种路演场合看到发名片的投资人，以为他们都是很有钱的人，希望这些有钱人能够像徐小平一样相中自己这匹千里马，但是没有弄清楚有限合伙人（Limited Partner，LP）和普通合伙人（General Partner，GP）的真正关系。

简单来说，投资公司自己也没有钱，这些钱都是 LP 出资的，而你平时看到的投资人只是 GP。LP 和 GP 的关系构成如图 1-1 所示。

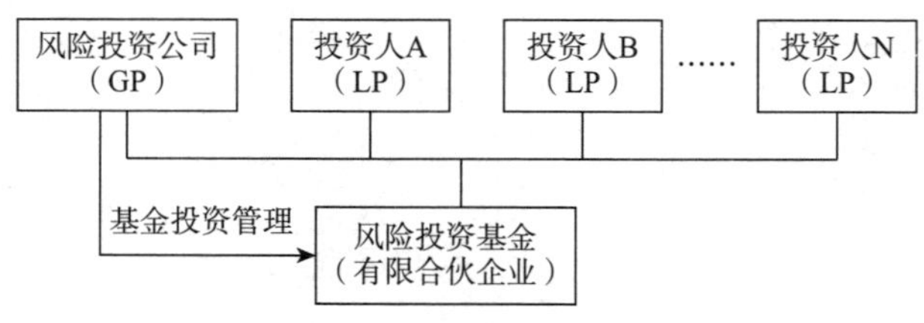

图 1-1　LP 和 GP 的关系构成图

这些 LP 可能是传统企业的老板，也可能是上市公司的高管，他们手上有钱，但不知道投资什么，于是 GP 这些专业的投资人就成立了一家投资公司，开始向这些 LP 募集基金，投资一些有成长期、未来会有高回报的企业。LP 只出钱，但不能做决定。从 LP 出钱的那天起，就不能把钱取走。

如何分配利益呢？ GP 说要发工资、有办公和出差等费用，于是拿出募资额的 2% 作为管理费。比如一期基金是 2 亿元，那么 GP 可以向 LP 收取 400 万元的管理费。

另外，投资取得不错的回报，业绩报酬一般是 GP 获得 20%、LP 获得 80%。一般基金的存续期限为 7~10 年，在前三四年基本是投资项目，后面五六年是退出期，平均每三年会募集一次新的基金。

分配业绩时有两种方式：一是退出一个项目就分成一次；二是一期基金全部退出实现收益后再分配。

现在你知道了吧？现实中的投资人其实不是你想象中的那么有钱，基本岗位 1.6 万元的工资，整天东奔西跑地看项目，白天谈着几千万元的生意，晚上坐地铁回家，时不时地当路演评委走个穴赚个千把元，还是挺不容易的。等自己投的项目成功被并购或上市要五六年，真正拿到的项目分成收入不到 19.5%，基本就提前离职了。

建议你下次找投资人时，问一下投资公司现在是第几期基金，资产规模有多大。有些投资人整天在路演、论坛上跑，看起来很忙，其实基金早就没钱了，你跟他基本上白交流了。当然，交个朋友总没有坏处。

◎合伙人、董事总经理、总监、经理如何分工

大家经常看到媒体报道某投资人掌管着几十亿元、几百亿元的资金，猜想这样的投资公司是不是有很多人？其实，绝大多数投资公司实行合伙人制，都是很小的团队在运营，毕竟这是一个靠智力和专业吃饭的行业。投资公司各岗位示意图如图 1-2 所示。

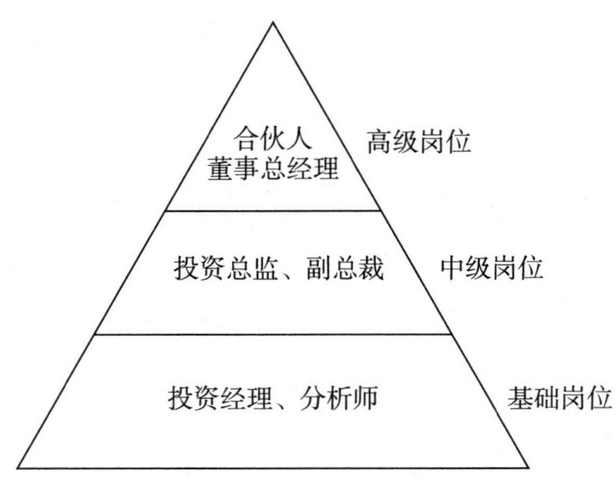

图 1–2 投资公司各岗位示意图

合伙人确实是投资公司的最高领导，通常也是公司的股东。一般分为以下 3 类：

一是主管合伙人、创始合伙人：发起成立公司，募集基金，负责项目的管理和退出，决定基金内部的重大事情，是投资决策委员会（Investment Committee，以下简称投委会）的成员。

二是合伙人：作为项目投资人的主要负责人，他们往往各自负责某一个或某几个细分领域，寻找及评估项目。当投资了某个项目后，合伙人将在被投项目公司中担任董事席位。我之前投天使项目时，也基本上由我担任董事。

三是投资合伙人，也称兼职合伙人：不是投资公司的全职员工，他们可能是成功创业者或知名人士，只是以合伙人的身份参与项目的投资，希望通过投资公司的平台参与项目投资，但不愿意有太多的束缚。

作为董事总经理，比如达晨创投有很多位董事总经理，每个人负责某个细分行业，如智能制造、生物医药、TMT[①]、人工智能等。

---

① TMT（Technology，Media，Telecom），是科技、媒体和通信三个英文单词缩写的第一个字头整合在一起。

投资总监、副总裁是投资公司的中坚力量，有的甚至有副总监。他们负责找项目，与创业者会面，筛选优秀的项目，参加创投峰会，代表投资公司给一些路演做评委。平时大家见到最多的是投资总监，有的可能只是投资经理的岗位，但是名片印的是总监的职位。

投资经理虽然是最基层的岗位，但你千万不要拿投资经理不当回事儿。因为在有的小投资公司里，投资经理的决策权力很大。他们从看项目、谈创始人、准备尽调和谈投资协议，到最后上会投票，基本能全流程服务。分析师或投资助理主要是做行业研究和分析，这些分析也是尽调的一部分工作。有些投资公司，比如深创投、高瓴资本对分析师相当重视，有的分析师甚至是博士学位，要求很高。

各位创业者也别太较真，因为这些职位的分工不是绝对清晰的，不要在意名片上的名头，重要的是跟投资人做朋友，让自己的项目融到资。

◎投资公司有哪些部门

平时我们看到投资经理或总监时，以为投资公司基本就是这些投资人在外面跑项目，看中了就尽调、谈估值、签合同，其实投资公司也是一个整体性的专业金融服务机构，还有其他部门。下面分享一下：

募资部：主要负责 LP 募资。也就是找社会上的有钱人或机构去讲 BP，获得他们的信任，然后让他们把钱投到公司的基金里。

基金管理部：主要是设立和运营。就是到中基协备案，设计好基金的结构、期限、回报、决策机制等。

投资部：这是公司的主体，主要由合伙人、董事总经理、总监、经理和分析师等职位构成。主要工作是看项目，见创始人，分析项目，写报告，上投委会，跟创始人谈估值、协议等。

风控部：主要是法务方面的事情。比如合同审核、协议的起草与签署，针对拟投项目的风险评估与把控，确保不要出现瑕疵与硬伤。

后台：包括行政、人事、财务等服务部门。比如帮助投资人买机票、订酒店、把投资款转给被投企业。所以，有假冒投资机构要你帮他订机票和酒店的人，根本不用理他，因为投资公司有这样的管理费。

还有投委会、投资人关系岗、投后管理部等。投委会主要负责上会对项目进行分析与表决；投资人关系岗主要是跟 LP 或同行进行交流，向他们汇报基金的投资、运营情况，让他们放心；投后管理部主要负责被投企业的资源对接、下轮融资、战略方向协助等。

现在，很多投资公司把投后管理作为吸引创业者的核心竞争力之一。投资公司主要提供的增值服务，如表 1-1 所示。

表 1–1　投资公司主要提供的增值服务

增值服务	服务内容
创业培训	如何设置期权、如何营销、如何融资
资源对接	帮助创业者整合各种有用的资源
人才推荐	尤其是项目急需的优秀人才
退出支持	积极为项目品牌站台，推荐同行关注
后续融资	让创业者了解整个投资市场的动态，不同基金的策略和重点，以及如何与他们打交道

其实，投资公司的组织架构还是比较完善的。小型的投资公司可能没有这么复杂，会有所精简。了解投资公司的内部分工，有助于创业者更好、更快地对接投资人。

◎投委会的投票决策有哪 5 种方式

很多投资人跟你说，项目就差最后一关，要上投委会表决投票。那么这个投委会是什么神秘机构？

投委会是投资决策委员会的简称，是投资公司内部决策投资事项及退出事项的议事机构。投委会成员一般包括合伙人、风控、研究等相关人员，基本以单数为主。

关于投委会的决策模式主要有以下 5 种：

（1）全票通过：所有合伙人（投委会成员）一致赞同。当然，合伙人太多的 VC 公司显然不适合。

（2）绝大多数票通过：比如 3/4 以上合伙人赞成，且主管合伙人赞成。

（3）分级通过：投资额超过某额度（如 2000 万元）的项目，所有合伙人一致赞同；小于或等于这个额度的项目，需多数投资人赞同。

（4）打分制：合伙人对项目评价分为四档，即 1 分表示非常认可、2 分表示比较认可、3 分表示一般认可、4 分表示非常不认可。汇总小于 6 分的算通过投资决策。

（5）银子弹制度：投资额小于或等于某额度（如 300 万元）的项目，只需一名合伙人赞同即可。所有合伙人每年只有一次机会，但该项目在当年获得了后续溢价融资，银子弹恢复名额。

有的创投公司董事长有一票否决权，也就是说，即使投委会大多数人投票通过了，董事长也可以一票否决这个项目。

◎天使投资人如何保护自己的利益

要想了解天使投资的实际情况，我们首先来了解一下现在有哪些天使投资存在的形式。对于他们，我们要分别对接，有的适合我们的项目，有的并不适合。很多创业者找真格基金的徐小平老师，以为见他一面，把自己的项目说给他听，他就会对自己的项目感兴趣。姑且不论你的项目是否真的优秀，首先你对投资流程就不太了解。天使投资的五种形式，如表 1-2 所示。

表 1–2　天使投资的五种形式

序号	模式	主要代表
1	自然人模式	李开复、雷军等成功企业家、上市公司高管等
2	团队模式	合投俱乐部，比如天使百人会、天使投资人俱乐部
3	基金模式	有专门的 GP 和 LP，比如徐小平的真格基金、刘小鹰的老鹰基金、李竹的英诺天使基金等，他们也喜欢领投 + 合投模式
4	孵化器模式	提供空间与各种增值服务，比如李开复的创新工场、创东方的创展谷、陈维伟的草根天使会
5	平台模式	IDG、360、腾讯、新浪等公司都设立了自己的平台，包括联想之星、分享投资的群蜂平台等

1. **投前阶段**

个人投资会适当分散，理性挑选优质项目。合投会注意资源互补，提升成功率。

2. **投中阶段**

（1）增资扩股把钱给公司，让公司发展更好。虽然老股转让有折扣价，但只是老股东变现了，公司还是缺钱，因此这个问题要考虑好。

（2）股东会决议要设定公司举债不能超过多少，如有债务，可设置兜底条款，以认缴出资额为限承担责任。

（3）最好获得一个董事席位，如果没有就扩大股东会权限，比如原来 100 万元以下的事务由董事会决策，现在 50 万元以上的事务由股东会决策。

（4）约定一个经营层面的业绩，为下一次融资争取机会，优先退出或追加投资。投资款也不是一步到账，分成两期，等达到某种业绩时再支付第二期的钱。

3. 投后阶段

（1）可定期了解基本财务报表分析投资人权益，跟进项目进展情况。财务三表主要反映状况和内容，如表 1-3 所示。

表 1–3　财务三表主要反映状况和内容

三表	主要反映状况	主要包含内容
资产负债表	企业的财务状况	资产、负债、所有者权益
利润表	企业的经营状况	收入、成本费用、利润
现金流量表	企业的现金状况	经营活动、投资活动、筹资活动

（2）在公司没有稳定经营现金流前，约定创始人股份禁售，以免创始人每一轮融资时都套现。

（3）反稀释权、自由退出权、随售权、拖售权、清算优先权都要签，确保在适当的时候能够退出。

（4）重大损失追偿机制。有的创业者为了业绩，签了一些不合规的合同。如果创业者是主观故意造成的，投资人有权要求追偿机制，以保障自身的权益。

◎投资公司什么情况下可以撤资

有创业者说："是不是投资人签了投资协议、转了款，就一定会投资？"不一定！事实上，在很多情况下，投资人是可以选择撤资的。尤其是创业公司违反投资协议中约定条款的情况下，投资人撤资完全是有理由的，合情合法。撤资主要包括以下几种情形：

（1）创业者原来是以项目融资的名义获得了投资，但是完全违背了投资协议中的约定，没有把钱用在项目上，而是肆意挥霍或挪为他用，这种情况下投资人有权撤资。比如有的创业者把钱拿去买房买车，或者去做与项目一点关系都没有的事。

（2）创业者没有做到合规经营，公司也没朝正规、合法的方向发展，完全走偏了。有的公司在经营中出现严重偏差，经常触犯法律底线，比如购买用户数据、使用不正当的竞争手段，如果投资人有确凿的证据，是可以申请撤资的。

（3）创业者重大决策给企业带来严重的不确定性，存在高危风险。如果创业者与投资公司签订了对赌协议，在协议规定的情形下，投资人有权要求公司退还部分投资款并保留相应的股份。有的创业者在某一发展策略上存在严重失误或高风险，可能影响企业正常的生存与发展，投资者也是有权要求公司退还部分投资款的。

（4）创始人因个人原因，比如出轨、背叛家庭等面临离婚，而且是主观过错方，肯定会面临财产分割的问题。这样对个人和公司都会有重大不利，尤其是经营的是与家庭幸福有关的产品，对品牌宣传也会有极大的负面影响，出于投资的长远考虑，投资人有权主张撤资。

以上四种情形需要在投资协议中特别注明，投资人也希望项目一帆风顺，但有时候也是无可奈何、迫不得已。那么，如何预防投资人撤资呢？

第一，如果创业者有比较知名的投资机构可供选择，那么就选择相对知名的机构。因为知名机构比较在乎声誉。而刚进入投资圈的某些非专业投资人，对声誉没有那么看重，资金量也有限，尤其是意识到自己不适合做投资的情况下，为了减少损失，会不计后果地要求撤资。

第二，创业者要尽可能地在投资协议里约定清楚，当投资人出现撤资行为的时候，投资人要承担什么样的违约责任。

第三，最重要的，也是被广大创业者严重忽视的一个问题，就是拿到投资之后，企业一定要规范经营。

如果投资人真的撤资了，也只能通过继续融资、团队削减费用、银行贷款、众筹等渠道解决资金问题。

第二节 你不知道的投资公司内幕

◎投资公司有哪些内幕

为什么优必选 60 亿元估值，几家大创投还抢破头？

为什么你的 BP 一到投资人手上基本就被丢到垃圾桶？

为什么百果园、柔宇科技之前一直亏钱，却依然能融到很多钱？

凡此种种，都是投资公司的一些内幕，普通创业者是不可能知道的。我在从事早期项目的投资实践中，有幸跟一些知名投资人开展尽调和研究项目，深度参与了一些项目的投资，下面跟大家披露一些投资公司的内幕消息，供各位创业者参考，以便更好地了解这个群体。

（1）知名投资公司普通岗位的投资经理工资并不高，即一两万元，总监相对高一些，他们平时也靠做路演嘉宾获得额外收入。比如当一天评委有 1000 元左右报酬，总监级的可能有参加一些演讲的机会，会有 2000~4000 元的报酬。有些小型投资公司的创始人，身兼数职，担任很多众创空间、创业大赛的创业导师，证书几十本，出现在各种点评现场，个人的曝光度很高，但公司投资的成功案例较少。

（2）知名投资公司或者大的产业基金募资相对容易。即使是缺钱的特殊时期，LP 还是相信这些专业的投资公司。在有资深人士站台的前提下，LP 还是很愿意出钱的，尤其是传统产业的老板。他们需要做一些投资来让企业升级转型，而且这些顶级投资圈人士也是他们需要的。

（3）有的项目需要先过投资经理这一关，因为他们要写投资建议书。如果你的商业计划书刚好与他写的内容符合，就帮他节省了很多时间，更容易获得他的认可。他稍做修改后成为投资立项报告，上会就容易得多。因此，需要做投资、懂得投资逻辑的人来优化商业计划书。

（4）不少投资公司，流程相对简单，决策会快一些，但也有些公司的比较烦琐，要通过几道程序——初审会、复审会、立项会、上投委会。说到投委会，其成员一般是单数构成，由领导、研究、风险、法务、财务等相关负责人构成，以一定比例的票数来决定是否投资。但像深创投董事长是有一票否决权的，也就是票数通过不一定代表决定投或不投。

（5）决定投资有些项目后，有的投资公司会拿出一定比例的资金跟投。比如2000万元投资可拿出200万元作为项目小组的人来跟投，成功退出时就可以获得相当高的回报，这是投资经理、总监最大的收益了。比如达晨投尚品宅配，回报就有58倍，这是相当傲人的成绩了。

（6）投资圈相对较小，也就是基本可以通过一个人找到其他人。如果你的项目被一家公司看上了，那么其他公司也差不多知道了。因此，你不要忽悠某个投资人，说有家知名投资公司抢着给你投资，正准备打钱。

（7）投资经理现在不可能参加路演会或其他活动，一直以来也需要信得过的融资合伙人来提供优质的项目来源。同样是从 LP 募来的钱，同样是各种渠道的项目，凭什么要向上面推你的项目呢？项目本身的质量是重要的考量指标，但不是唯一的因素，也有人为的考量。

（8）资深投资人是不可能在普通渠道找任何项目的。那种在媒体上、电视上说一聊几分钟就投资的故事，只是媒体的包装，千万别当真！

（9）投资公司的一些不良行为，值得创业者注意。比如他可能会剽窃商业创意，因为他投了类似的项目，因此要留个心眼。投资人通过烧钱制造行业泡沫，其实是助长了上市圈钱的习气。有些投资人会不择手段地抢项目，投资一些公害项目，赚钱至上。有的投资人一直不确定是否投，投了宁可让你倒闭，也不给你翻身机会。有的抢班夺权，把创始人赶出公司，当然这是个别案例。

（10）有些投资人递给你的名片是总监、副总裁或董事总经理，可能他在公司内部就是经理级别。在投资公司，一般合伙人才有决策权，才有权立项，而经理不具备这样的权力。合伙人说立项了，但不代表给钱，只是表示可以进入下一步。签了 TS 投资意向书，既是给了时间，又给估值提供依据，尽调后上投委会才能确定是否真的投。投委会成员一般是 5 人以上的单数，比如 5 人成员有 3 人同意就通过，也可以 2 票通过，但 2 票中有一个是行业合伙人的票。如果投委会是 4 人，有 2 票也可通过。

我在一个母基金的 LP 交流群中，发现这些人内部有一个沟通机制，就是他们把排名前三的项目做一些资源整合，尤其是并购重组的项目，打包上市，起码是几十亿元的交易额。而那种种子期项目，哪怕再优秀，也入不了他们的法眼。

应该说，创业融资能成功，是一个小概率的事件，往往考验一个创业者的情商与资源整合能力。如果你有很好的投资人脉关系，就能更快融资，少走弯路。

◎早期项目的投资逻辑是什么

创业者由于参加各种路演场合或者创业大赛，肯定与不少投资人打过交道，发现投资人总是对你的项目不信任，提出一大堆你不以为然的问题。投资人的投资逻辑是什么？他们是从哪些方面判断项目是否可以上会的呢？一般来说，有四个方面的逻辑，懂了你就知道了。

1. 判断团队是否优秀的逻辑

投资人关心的问题，如果你能一一回答而且相当自信，就代表你的团队是优秀的，值得投资人重点关注。

（1）创业的理由是否足够充分？是别无选择、满足虚荣心、使命感的召唤还是能挣大钱？

（2）团队是否有执行力？配置是否有短板？

（3）团队是否有凝聚力？有没有灵魂人物说了算？各种分工是否明确？股权清晰吗？

2. 在行业上是否有领先地位的逻辑

每个投资人心中都有一幅投资地图，请问你的项目处于行业中的哪个位置呢？

（1）是否一味地追风口、热点、概念，赛道是否选对了？

（2）能不能颠覆行业的一些规则，还是跟随者？只是创新的模式？

（3）与竞争对手相比，你的亮点足够吸引用户吗？

（4）在产业链上，你的机会是否足够？

3. 商业逻辑是否走得通，而且想象空间巨大

投资人经常考察的问题是：

（1）你的核心和潜在客户是谁？他们认为你的产品好不好？

（2）到底是怎么挣钱的？多久能盈亏平衡，后面持续赚钱？

（3）你的产品或服务怎么生产？怎么营销？

4. 你的产品在市场上是否有竞争力

商业最根本的还是你的产品能为客户创造价值，其他一些虚的概念皆是浮云，如 O2O、共享模式、区块链、AI、VR 等，一切还是要产品来证明价值。因此，你的产品是否有竞争力呢？

（1）你的产品核心技术是什么？有很大的壁垒吗？

（2）市场有足够大的需求吗？上下游之间有完整的链条吗？竞争对手强大吗？

（3）产品的成熟要多久？多长时间进行一次迭代？

其实，MP3（M—市场、团队—People、产品—Product 和预测—Prognosis）理论，也就是市场是否足够大，蓝海还是红海，发展态势是否强劲。团队最小是两三个人的核心团队，有分工、性格差异。团队要异能互补，CEO 凭一个人很难招到合适的人。产品要花长时间研究，找智囊团或技术牛人做判断。预测做时间轴的规划，比如 3 个月、6 个月或 1 年，达到什么里程碑成果，人工、市场推广成本是多少，下轮融资点。

是不是看起来很简单？说起来容易，做起来难，四个方面的投资逻辑看似简单，其实也是很难的。如果你没有在四个方面做好，获得投资的机会就小。

◎投资机构如何运作

你可能见过很多投资人，也给他发过 BP，甚至还详细聊过产品，但你知道投资机构是如何运作的吗？当一个投资人对你的项目感兴趣后，他是如何开展工作的？投资公司作业流程图如图 1-3 所示。下面就简单讲讲投资项目的 10 个步骤：

（1）找项目：该项工作由投资机构的投资业务经理推进。投资经理通过路演现场、行业协会、合作伙伴、个人关系等渠道搜集投资标的，按照项目筛选标准对标的进行甄别。找项目的渠道主要有

FA、众创空间、投资论坛，公众场合投得少。还有成功的创业者介绍，基金的LP引荐，BAT的一些高管介绍，大学校友会、MBA同学会介绍，天使学院、天使协会介绍。

（2）初步立项：投资经理觉得项目“还可以”的话，则会继续对项目所属领域进行研究，撰写初步可行性投资报告，并提交投资机构一定层级进行审议，俗称“初步立项”。

（3）商业尽调：初步立项通过后，说明投资机构除投资经理外，该项目已得到更多人的认可，则投资经理会组织业务人员对标的项目（公司）开展商业尽调。商业尽调将重点关注标的公司的团队和业务，通过高管访谈、实地调研、上下游客户走访、竞争对手调查等方式继续考察项目的可行性。

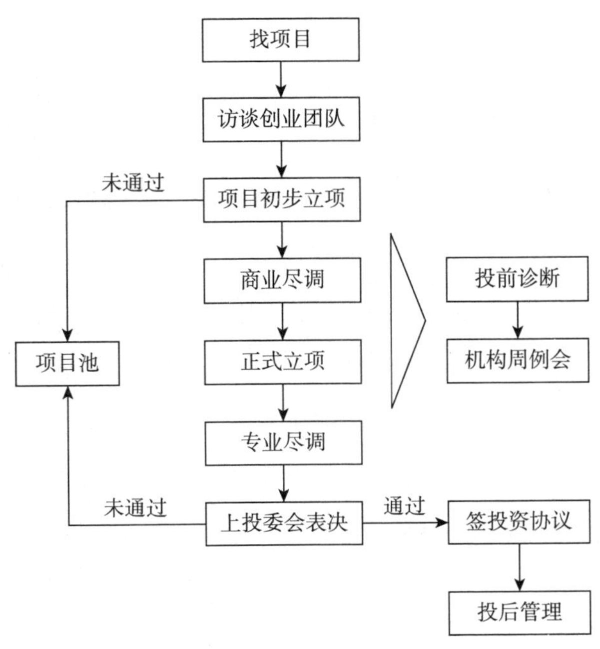

图 1–3　投资公司作业流程图

（4）正式立项：投资经理对标的公司摸查一遍后，会形成一份正式立项报告，提交给投资机构更高层级的机构审议。

（5）专业尽调：正式立项通过之后，投资机构将组织投入更多的资源对标的公司开展进一步的专业调查，包括财务尽调和法律尽调。专业尽调将重点关注标的公司财务情况与法律风险程度，该阶段有可能需要聘请专业的中介机构（会计师事务所与律师事务所）协助调查。

（6）投前诊断：经过商业尽调与专业尽调后，投资经理需要撰写一份投资建议书，全面分析对标的公司的尽调后得出的结论，并在投资决策委员会审议前进行项目预审。

（7）项目投资决策：投前诊断通过后，投资机构提请召开投资决策委员会审议本次投资，一般是 7、9、11 的单数表决，按一定比例决定是否通过，有的公司的董事长有一票否决权。

（8）办理投资手续：投资决策委员会审议通过后，签署投资协议，按照协议给你打款，也会派董事席位，还有财务监督人员。

（9）投后管理：该阶段会根据投资标的公司的时间轴节点持续不同的时间。

（10）投后退出：投资机构通过标的公司的 IPO、以被并购或管理层收购等方式退出，实现投资收益。

当然，这 10 个流程一般针对较成熟的项目，如果你的项目较前期，整个过程没有那么复杂，可能就三四步，针对你本身的项目竞争力、专利、模式进行研究，财务和法务做尽调，就可以签订协议了。

◎投融资的步骤有哪些

找投资公司融资快的 1 个多月，慢的要 1 年以上，正常是 3~6 个月。如果你要融资，要么亲自跟进，要么请专业的融资顾问来做。具体步骤如下：

1. 找什么样的投资公司

搜索最近两年投过项目的公司，新成立的投资公司也是有机会的。如果投资过和你类似的竞争项目的公司不要找，没有钱的投资公司不要找。有的公司确实没有募集到资金，但投资人还是一直看项目，代表他一直在投资圈内。

2. 准备哪些融资文件

不要见到投资人就发 BP，第一次面谈前可发 2 页纸的执行摘要，演示时可以讲 20 页左右的 PPT。如果投资人要详细了解，可以发尽调回复清单，还要准备一些备查资料，如销售合同、战略合作协议、专利证书、之前的投资意向书等。

3. 怎样跟投资人联系

先联系专业对口的合伙人，可找人或融资顾问推荐。一般跟你对接的合伙人会帮你推荐项目，他会说服其他合伙人。在联系之前，可以联系没钱投你的风险投资（VC）先练练手。

4. 演示 PPT 的重点是什么

强调团队的信任度和公司能成功的证据，如市场容量、产品、商业模式、财务预测等。

重点讲下如何做财务预测？

先搜集和整理资料：包括行业、用户、市场、历史财务报表、成本。

制订公司发展规划：产品、人员、市场推广、融资计划等。

搭建财务模型，设定财务假设：第一年按月，第二年按季，第三年按年，包括产品、员工薪水、人均办公费用、税率等。

进行实际预测：根据业务发展预计，在财务模型中填入相应的数据生成表。

再评价预测结论：评论是否可行、合适，比如增长过快、利润水平过高。

修正预测结论：如果不合适，重新调整，生成新报表，直至满意。

5. 后续洽谈和初步尽调做什么

如果有兴趣，就会签一份投资意向书（投资协议条款清单），初步尽调由合伙人和投资经理进行。

6. 跟全体合伙人讲解的诀窍是什么

千万不要发挥，不出错是原则，公司不要有负面消息，PPT 不要改。

7. 投资协议条款清单的谈判

这相当于订婚仪式，一定要找懂这行的律师，不要急于在清单上签字，你可以跟其他几家 VC 一起谈，对比哪家更符合你的要求。

8. 四个方面的详细尽调

主要是人员、业务、财务、法务，一般会有一个清单，最后由投资公司出一份尽调报告。你可以找这家投资公司之前投过的项目 CEO，了解这家投资公司的实力与投后服务。

9. 投资决策

此阶段还会有 30%~50% 的项目被否决，如果被否决，你们的缘分就到此为止。

10. 签署法律文件

这包括《增资协议》《股东协议》《补充协议》《股东决议》《董事会决议》等，还有工商变更需要的文件。

11. 如何提高投资人的参与热情

给投资人优惠的待遇，比如现金分红，进一步增强市场稳定性。尊重投资人的决策权，遵循一定的透明化原则，回应建议。激发投资人的使命感，虽然有远大的目标，短期内的目标更要实现，相互之间要高度信任，给投资人足够的物质回报，如俱乐部会员、休假、医疗、旅游等。塑造投资人的荣誉感，让企业价值观引领投资人的价值观。如惠普企业发展资金以自筹资金为主，强调集体协作精神。要认可投资人的工作，给投资人股东一些培训和升级课程。

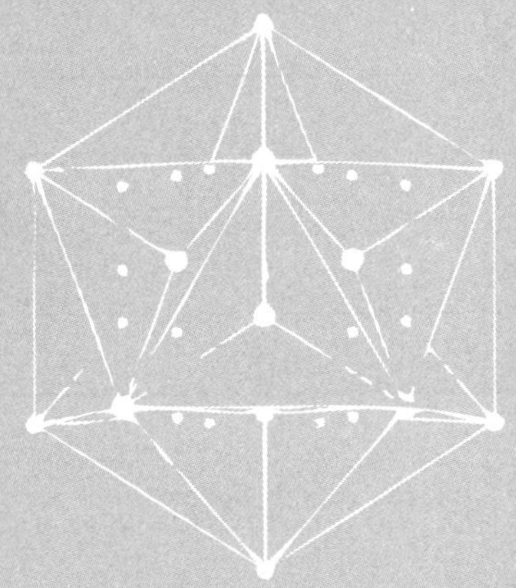

第二章
如何写出让投资人眼前一亮的商业计划书

第一节　商业计划书如何写

◎商业计划书的 13 个核心要素

商业计划书由 13 个重要部分组成，但这绝不是把你的人生故事都写在计划书上的借口。商业计划书平均 15 页左右，不能超过 20 页。商业计划书的 9 大模块和 36 个要点如表 2-1 所示。

表 2-1　商业计划书的 9 大模块和 36 个要点

9 大模块	36 个要点
公司简介	封面要素、业务描述、理念表达、优势亮点
市场机会	背景趋势、需求痛点、竞品不足、市场规模
产品介绍	产品概况、技术创新、比较优势、门槛壁垒、应用场景、效果验证
商业模式	运营模式、盈利模式、营销模式
团队组织	核心团队、股权结构、公司架构、专家顾问
运营现状	发展历程、成果展示、财务现状
战略规划	战略目标、实现路径、资源投入（成本）
风险管控	宏观风险、产品风险、运营风险、团队风险
融资计划	融资方式、项目估值、资金用途、退出方案、对赌条款

投资人喜欢的是那些能够在最短时间内提供最大价值的创始人，而你的商业计划书是证明这一能力的最好方式。

商业计划书要有一个清晰的理解：Why（为什么要做这款产品？为什么选择现在做这款产品？为什么你开发这款产品最合适？为什么他们是最适合投资你的产品的投资人？）和 How（你们公司是如何实现盈利的？你们公司是如何获取客户的？你们公司是如何扩大业务的？）。

要向那些看你商业计划书的人证明：你的公司有出色的产品、市场、团队、时间和战略，这些足以让投资人获得足够高的投资回报率。

1. 执行摘要

你需要让投资人通过看执行摘要清楚地了解公司业务的主要亮点，以及你公司的业务为什么会让人感兴趣。

用一两个句子对以下信息做简单的介绍：公司定位、产品 / 服务概括、市场机会概述、核心商业模式和盈利模式、未来的计划、愿景宣言。

2. 投资亮点

（1）你的融资目标：你需要融多少钱才能顺利地推动公司向前发展。

（2）条款：投资人投资你的公司能获得什么。

（3）资金计划使用情况：你计划如何使用这轮融资。（提示：创始人给自己开 6 位数的工资不是投资人希望看到的。）

（4）里程碑：有了这轮融资，公司能达到什么样的里程碑。

再一次，这里要回答的最重要的问题就是 Why：为什么投资人要投资你公司并成为你公司的一部分？为什么现在是投资人投资你公司的最好时机？确定三四个让你的公司成为一个非常好的投资机会的关键因素，并确保投资人在这个部分也被包括进来。

3. 团队概述

要证明你们是唯一能做这款产品的团队。

团队成员的名称、在公司的头衔和职位、他们的专业背景、他们在过去的经历中积累和掌握的特殊技能、他们在你的公司担任的角色和承担的职责、是什么让他们成为唯一能胜任这一角色的。

4. 市场机会

一是你们公司的产品或服务要解决的问题是什么；二是能够让你们公司现在获得成功的行业趋势是什么。

要考虑两个问题：一是你的目标客户面临的问题是什么；二是你们公司主要帮助消除目标客户面临的哪些不便或困扰。

在撰写行业趋势这部分内容时，要考虑三个问题：一是你打造的产品 / 服务顺应的是最近出现的什么趋势；二是是否有新的或新兴的技术使你的产品 / 解决方案成为可能；三是你能不能找到任何产品品牌说明市场对与你的产品类似的产品（不要太相似）有需求。

5. 公司简介

需考虑以下问题：

（1）你们公司是做什么的？

（2）你们公司是如何解决上面提到的问题的？

（3）你们公司提供的产品或服务是什么？

（4）用户如何使用你们公司的产品或服务？

（5）你们公司产品的主要功能有哪些？

（6）你们公司的产品或服务与市面上其他公司的产品或服务的差异有哪些？

6. 商业模式和盈利模式

你的商业逻辑与业务流程是什么？如何做到标准化、流程化、可复制？

你的公司是如何盈利的？确定目前所有跟营收来源相关的内容，包括定价、主营业务成本、利润率。

问自己四个问题：一是为什么这个盈利模式适合公司目前的发展阶段？二是你们公司的产品定价和竞争对手的产品定价的差异在哪里？三是你在未来是否计划新增营收渠道？四是如果你们现在还没开始创造营收，那么如何 / 何时能够创造营收？

7. 市场需求得到量化证明 / 公司里程碑

你可以通过以下方式向投资人表明你的公司正在取得实质性进展：

（1）产品开发：你的产品开发到什么阶段了？你的产品已经投入市场了吗？

（2）生产 / 分销：你是否有一个成熟的生产 / 制造伙伴？你是否有一个成熟的产品分销伙伴？

（3）早期用户和营收：你是否已经获得了一批早期用户？获得了多少用户？公司增长速度有多快？公司是否已经创造了营收？

（4）客户证言：你的产品或服务是否得到了一些客户的积极正面的评价？这里有没有一些知名度非常高的客户或行业专家？

（5）合作伙伴：你是否与任何知名品牌建立了合作伙伴关系？

（6）知识产权：你公司的技术有专利吗？你的公司名称注册商标了吗？

（7）媒体报道：你的公司有没有被一些知名媒体报道过？都被哪些媒体报道过？

8. 行业分析

你不但是公司的专家，而且对公司所在的行业也有非常深刻的了解。

在这个部分要展示哪些数据是需要认真考量的。只展示那些有助于你阐述内容的数据：你公司所在市场的规模大小，对你提供的解决方案的需求，公司产品的用户增长数据、竞品分析。

现在你已经向投资人大概介绍了所处的行业，现在是时候让他们了解一下同一行业的其他公司，以及你们公司与其他公司的对比。要为你的公司确定至少三家竞争对手，针对每一家竞争对手，都要回答以下问题：

（1）基本信息：他们的公司在哪里？他们处在哪一个发展阶段？

（2）他们创造了多少营收？他们有多少用户？他们是否拿到了融资？

（3）相似点和不同点：他们的优势是什么？你打算如何压制他们的这种优势？他们的弱点是什么？这对你有什么好处？

（4）收获：你能够从竞争对手身上学到什么，从而让你的公司变得更强大？

专家意见：在确定竞争对手的时候，要跳出固有思维模式，不要只找那些提供与你有相同的产品或服务的公司。

9. 核心竞争力

在公司的差异化特质部分，要阐述你提供的产品或服务与市场上其他公司的产品或服务的不同之处，以及这些差异化特质如何帮你保持战略优势。问自己两个问题：

（1）和其他公司相比，公司提供的解决方案的几个（3~5 个）关键区别是什么？

（2）这些差异化特质将如何转化为你公司的长期优势？

10. 目标用户

在目标用户这部分，需要向投资人展示你知道目标用户是谁，他们在哪里，对用户而言重要的是什么。

如何准备这部分内容呢？具体内容如下：

（1）你们公司的产品或服务主要是为了满足哪些用户的需求？

（2）你对这个群体的了解有多少？

（3）你的目标用户主要是男性用户还是女性用户？

（4）你的目标用户主要处于哪个年龄段？

（5）这个目标人群大概有多大规模？

（6）目标用户主要住在哪里？

（7）他们大概处于什么样的收入水平？

（8）在购买产品或服务时，他们是否有偏好或顾虑？

11. 营销策略

（1）你如何获取第一批用户？

（2）你首先瞄准哪些用户？

（3）你会在一些关键的市场推出你的产品吗？

（4）你是否打算与一些现有的品牌进行合作？

（5）你打算如何提高公司产品的品牌知名度？

（6）你打算用哪一类媒体？原因是什么？

（7）你会利用社交媒体吗？你主要用哪些社交媒体平台？原因是什么？

（8）从本质上说，你的营销策略是什么？

12. 未来的增长和发展

（1）你计划未来推出一些新产品吗？

（2）这些新产品将如何进一步完善公司目前的产品矩阵？

（3）你是否打算向全新的市场扩张，如新的城市或新的用户群体？

（4）你能不能提供一个时间表，让大家了解你期待未来的新突破会在什么时候发生？

（5）什么指标或条件能帮助你决定何时继续向前发展？

（6）未来你的公司有哪些潜在的退出策略？你会寻求被大公司收购吗？你打算带领公司 IPO 吗？

13. 财务模型与融资需求

财务图表、表格和公式能够让投资人了解你的公司目前的业务表现情况，以及你们公司生存下去的概率。

这部分内容包括三点最重要的信息：现金流量表、损益表和资产负债表。估值要相对合理，这相当重要！

◎怎么写出让投资人主动联系你的 BP

BP 写不好，投资不好找。BP 不是万能的，但没有 BP 是万万不能的。BP 还是一个很专业的活，创投智达认为，专业的事要找专业的人做。怎么才能写出吸引投资人的 BP 呢？吸引投资人的商业计划书的主要内容，如表 2-2 所示。

表 2–2　吸引投资人的商业计划书的主要内容

序号	项目	内容
1	封面	用一句话介绍你的项目
2	你是谁	把你的团队成员和特长写清楚
3	你的项目是什么	详细介绍你的项目
4	项目有多大的市场	市场规模和未来趋势
5	你的竞争对手是谁	优劣势分析对比
6	你的市场竞争手段	用什么方式打败竞争对手

续表

序号	项目	内容
7	你现在的经营数据	用图表的方式一目了然
8	未来 3~5 年的规划	数据要可信、可证
9	你要多少钱？出让多少股份	投后估值
10	钱怎么花	钱要用在刀刃上
11	退出机制	IPO 或并购重组，要可行
12	财务预测	收入与成本要算清

BP 大纲要明确，甚至给投资人发 BP，称呼、标题和内容也要考虑好，主要的投资亮点要说清楚。

不要套用网上下载的模板，尤其是十分花哨和有很多动画的 BP，这样会适得其反，效果反而不好。

BP 的初稿一定要自己先写，因为自己最了解创业的逻辑与业务流程，但是细化与优化的工作可以交给专业机构来做。

用数据来说话，早期项目更要注重数据，即使没有具体的数据，也要对详细计划做一些预测。

一般来说，22 页左右足够了，太多了没有人看。

尽量采用高清的图片，网上可以购买正版图片，团队的照片一定是职业照。

有时候，可以采取倒叙的方法，先说个投资的回报率，然后解释为什么能做到。也就是这个逻辑：感谢—融资—团队—预测—数据—产品—模式—市场。

核心内容是商业逻辑、定位、产品、模式与优势，要说出你的团队为什么能成功，一定要有说服力。

大致思路是你在“做什么”“谁来做”“怎么做”“为什么会成功”等，最后发给投资人前要将 BP 转成 PDF 格式。千万不要设置密码，要投资人输入密码才能打开文件，一般人没有这个耐心。

对于投资人来说，他能预测公司赚多少，所以你不要夸大数据，不要忽悠他。

千万不要说“万事俱备，只缺钱”。事实上，你需要钱来启动项目、招团队、做推广，但你的项目没有真正启动。

千万不要说市场上目前没有竞争对手。不少从业者认为自己做的东西前无古人后无来者，自己是世界上独一无二做这个生意的，没看到不一定代表没有。在你没有弄清这个市场是否还有其他人在做的时候，要么直接说没看到，要么不写。

清科排名 TOP30 的投资人都有圈子，找到一个投资人先交朋友，即使没谈成也会介绍很多做投资的朋友给你。

建议创业团队内部有一个人专门负责沟通融资，经常和投资人喝茶谈感情。其他团队伙伴专注各自的事情，避免被融资这件事牵涉太多的精力。如果没有，可由创投智达承担融资顾问角色，定会事半功倍。

◎写 BP 常见的 11 个误区

写一份商业计划书不难，网上也有模板，但写一份投资人感兴趣的 BP，这是比较有技术含量的。我总结了一些常见的误区，分享给各位创业者：

（1）公司介绍及愿景的误区。展示公司厂房、办公区、公司注册资本、组织架构，这都是浪费时间。

（2）管理团队的误区。一张大合影可以，但服装一定要统一，有的穿证件装，有的穿 T 恤，有的穿西服，这体现不出是一个职业化的团队。

（3）解决问题的误区。看不出用户有多需要，而是创业者个人的一些独特需求而已，或创业者自己拥有某项技术，在市场上试图寻找可能的应用场景。

（4）产品或服务的误区。产品或服务与市场上的并无差异，为了显示不一样，强行罗列一些可有可无的特色。在技术介绍方面过于详细，投资人并不想了解太多，过于细致也容易泄露技术机密。

（5）收入盈利模式的误区。还没有一分钱收入，规划了八九种收入来源，财务上也算不过来账，这样投资人是很担心的。

（6）市场分析的误区。没有足够信服力或权威性数据支撑的市场规模和发展趋势分析，把自身所在的细分市场拓展到不太现实的领域。

（7）竞争对手分析的误区。刻意隐瞒竞争对手的实际情况，不了解市场真实的竞争情况，其实潜在的、准备的竞争对手都有，只是你没有发现。

（8）市场及营销的误区。技术或产品出身的创业者，不知道如何做营销，认为好的产品自然会有用户。

（9）发展规划的误区。发展规划过于激进和乐观，无法用过去的历史来证明，更无法合理地推导出里程碑事件的具体目标。

（10）财务状况及预测的误区。很乐观的想象，历史财务数据不真实，刻意隐瞒某些数据，收入、成本、费用都没有说清楚。

（11）融资需求及用途的误区。融资额过大，与公司当前的规模不匹配，让投资人担心你会乱花钱。

凡此种种，你是不是想找个融资顾问具体规划商业计划书，这样可能更加符合投资人的口味。

◎给投资人发商业计划书有哪些禁忌

好不容易做出一份商业计划书，结果因为一些失误而错失机会，有些创业者可能失败了都不知道原因。下面就一一列举，看看你有没有中招？

（1）不要动不动就写“你错过了投腾讯，请不要错过我”这样故作高调的标题，以为会吸引投资人，其实很幼稚。

（2）不要群发商业计划书。有的创业者有时群发给几百个投资机构，电子邮件正文也没有任何改动，这是对投资人的不尊重，一般这样的电子邮件会直接被删掉。

（3）不要用压缩包的形式发商业计划书，因为投资人经常在机场或高铁站，手机是打不开压缩包的。最好用PDF格式，PPT也会乱码。

（4）文件容量不要太大，一般几兆就可以了，不要几十兆，因为出差流量耗费大，而且下载太费时，有时候投资人会先放弃，除非在PC端的邮箱里下载。

（5）不要长篇大论，千字甚至万字宏论，有人习惯在前言里写上一篇论文，强调这个项目的来龙去脉，其实没有必要。

（6）不要引用太多的媒体或研究报告的数据，以此来论证项目的可行性、先进性，只需要结论性的观点和数据。

（7）不要发誓，如果不让投资人赚一百倍如何如何。

（8）不要类比BAT[①]、小米、京东之类的榜样企业。

---

① BAT，B指百度、A指阿里巴巴、T指腾讯，是中国三大互联网公司百度公司（Baidu）、阿里巴巴集团（Alibaba）、腾讯公司（Tencent）首字母的缩写。

（9）直接发 Word 文档是不对的，毕竟没有人会看一大堆文字，而且里面的逻辑性也不强，不利于理解你的创业思路与模式。

（10）标题不要哗众取宠，一般标明项目名称、定位、融资轮，一定要留下你的联系方式。

我在天使投资业务中，以上 10 条都碰到过，希望大家注意这些禁忌，要让投资人眼前一亮，主动联系你洽谈项目，预祝大家成功。

第二节　商业计划书的主要加分项是什么

◎如何介绍创业团队是个技术活

投资就是投人！投资人一般拿到商业计划书或者去公司尽调时，首先会关注团队的以下问题：

（1）这个创始人的背景和从业经历。

（2）团队的组合适不适合这个方向。

（3）团队的分工是怎样的，有没有资深人士在这个团队里。

（4）这个团队是兼职还是全职。

商业计划书在介绍团队的过程中，常常会出现以下失误：

（1）无用无效信息出现太多。跟创业不存在强关联的信息都是无用的，与创业高度相关的才写。

（2）兼职当全职。不要把 BAT 或行业大咖当成你的团队，顾问是可以的，不然投资人会对创业者商业计划书的印象大打折扣，从而影响后续的对接。

（3）突出背景而忽略了业绩。在商业计划书中描述“BAT 背景”，投资人依然会有疑问到底是什么职位、做得怎么样、是不是被开除的。

总之，投资人希望在商业计划书中看到一个“合理搭配”“能力中上”“全职创业”“方向匹配”的团队。反过来，创业者应该“据实描述”“突出过往业绩”“突出方向能力匹配”“突出团队分工合理”。

把团队部分描述清晰，商业计划书就加分不少。

◎如何写好商业计划书的摘要

有的创业者说："做了商业计划书，而且有几十页，但投资人那么忙，根本没时间看我的商业计划书。"说对了，一个投资经理每天收到几十份商业计划书，然而天使融资成功率只有5‰左右，甚至更少。商业计划书摘要的主要内容，如表 2-3 所示。

表 2-3 商业计划书摘要的主要内容

类别	如何突出核心重点
陈述产品公式	针对某个特定人群 + 描述人群 + 产品属于哪个类别 + 核心卖点 + 与竞品的主要区别
商业模式	当前不赚钱，但未来必须盈利，包括产品模式、用户模式、推广模式和盈利模式
竞品解读	市场占有率、阻碍新产品进入市场的因素，商业机会
核心团队	提取与本项目高度相关的内容，优势特别明显，可以放在 BP 前面讲，CEO 的股份不低于 60%
运营数据	突出关键发展节点、关键数据和增长趋势，用饼形图表比例，条形图表对比，折线图表趋势
财务数据	突出现金流、固定成本和近期收支
融后规划	阶段开支及比例，资金要保证用一年半

篇幅有多少呢？ A4 纸用一两页，内容如下：

（1）这是一个非常赚钱的大生意！用一两句话介绍你的投资亮点。项目最大的卖点是什么？你需要明确地告诉投资人。不同行业的商业计划书的侧重点不一样，是因为投资人关注的逻辑不一样。比如"互联网 +"项目的重点是日活、月活、用户黏性、获客；科技类项目的重点是产品成本、渠道物流、产品研发迭代、营销；服务类企业的重点是受众企业定位、解决哪些实际问题、收费模式是卖软件还是服务、如何产生黏性；文创类消费类的重点是受众定位、品牌 IP、情怀与陪伴、如何产生共情作用；餐饮实体类的重点是成本、产品特色、品牌、管理模式。

（2）这个项目是靠谱的。你提供什么样的产品或服务，解决了客户的哪些问题。用通俗的、言简意赅的语言介绍潜在客户面临的痛点，公司通过提供什么样的服务或产品解决这个问题。

（3）我的团队是厉害的——CEO、技术、营销三者必须齐备，有图有真相。

（4）我的商业模式是行得通的。不只是介绍你如何赚钱，当然赚钱是项目能够存活的基础。

（5）这个行业的情况。你如数家珍地介绍行业的细分、用户规模、市场潜力、驱动因素，如果有第三方市场研究机构关于未来的预测，那就更完美了。

（6）千万不要说你没有竞争对手。用几句话描述你的竞争优势，面对竞争者，我们能做的是只有提出自己的解决方案，而且相当有效。

（7）对你的赚钱计划有信心。通过表格的形式将未来 3~5 年的核心财务指标展现给投资人。

（8）诚心诚意地说出你的融资计划。比如融资 100 万元，出让 10% 的股权，使用这些钱可以发展到什么阶段。

总之，商业计划书的重点能用表格的不用文字，能用图的不用表格。要找出最大闪光点或核心卖点，放在开头，比如 BAT 团队。一定要用数据强调，如在某项目达到百万用户，营收千万元。用数据讲创新模式，比如用户访问量、销量、复购率、客单价等。花钱计划比较详细，让投资人放心。交代背景的“面”，比如市场分析可略写，但盈利点要着重写，给投资人的回报等退出方式可以更加客观可行，这样才会吸引他。

◎这八点让商业计划书更加分

初创企业者往往注重表面形式，在色彩和版式上做得很酷炫，有各种动画甚至视频展示，以为这样就能吸引投资人。事实上，投资人都是理性思考者，他们真正关心的是以下内容：

（1）团队核心优势与互补是否齐全，架构是否合理，创始人的业务能力、社会关系甚至人格人品都是投资人考察的重要指标。注意，好的团队介绍除了需要包含行业相关经历和能力外，还有团队有什么资源、维持现有团队需要的成本，目前团队的合作方式（全职或兼职）、股权结构等，都要表达清晰。

（2）能否用一句话把自己的商业模式描述清楚，而且相当合理、有想象力。虽然只是十几个字的话语，但它需要体现的信息应是十分丰富的。在梳理项目的商业模式时一定要脚踏实地，反映项目最真实同时也最有特色的信息；用词尽量细化、具体化，避免使用过度拔高虚化的词汇和复杂的句型。比如不要用“中国领先”“引导世界”“颠覆未来”之类的虚词。

（3）合理地评价自己的项目在行业中的定位与地位。投资人心中都有一张投资地图，有的项目处在核心，就像一个靶图，你可能是处于中心的 10 分，也可以处于靶图外的 0 分。你在分析自己的优势时，也要坦诚地陈述自己的问题和不足，以及采取什么措施来弥补。

（4）一定要说清如何开展营销业务，说白了就是如何开拓市场。如果是互联网项目，主要看如何获取用户、如何变现。如果是传统项目，投资人则更加关注整个商业过程中的逻辑是否通顺、如何快速提升收入。

（5）要详细列明合作资源的数据。俗话说："数据为王。"即使是早期项目，也最好在融资之前做出一部分数据。如果没有，也可以根据目前的项目计划做一份预测数据，包括已经洽谈或有意向签约的上下游合作商、客户名单，洽谈的照片、战略意向书也可以在商业计划书中体现出来。

（6）成本与盈利情况要十分清晰。有的创始人相当自信，说自己会做成第二个淘宝、京东，其实用户量才几百，怎么可能？一定要把固定成本和可变成本列清楚，未来的盈利要靠谱。

（7）估值绝对不能漫天要价，有的创业者把融资当作发财的捷径，想套现就走人，这基本不可能逃过投资人的法眼。在商业计划书中估值一定要合理，可以跟对标项目做分析。一般初创项目是几百万元到上千万元的估值，如果是上亿元的项目，基本是投资机构追着你跑了。

（8）融到钱后，你的用钱计划与退出方式要说明白。如果能与你的商业模式、运营计划相互呼应且合情合理，那么投资人投钱的可能性就大大增加了。

第三章
你的项目值多少钱，如何估值才合理

第一节 影响项目估值的因素有哪些

创业者认为自己的项目比肩BAT，但投资人认为估值至少打一折，为什么？影响项目估值的因素到底有哪些呢？

1. 你所处的赛道

一般来说，热门和新兴行业可能有较高的估值，尤其是技术含量较高、有很高的核心门槛的企业很容易拿到较高的估值。当然不是一味地追风口和概念，项目还是要回归商业本质。

2. 你的产品本身

初创企业自身的发展状况是决定估值的重要因素。成型的产品、充分的运营数据、已产生的收入甚至企业利润，都会让资金方眼前一亮。创业公司如果能在估值之前，把企业产品上线运营一段时间，拿出优质的产品、良好的运营结果和一定的用户数据，在企业估值的谈判中，说服力就会强很多。作为创业公司，你可能会提供免费服务来积累用户，然后以此来增加公司的价值。如果你是行业的翘楚（TOP3甚至TOP1），市场份额很大、行业地位很高，在融资谈判中，对估值就有比较大的议价权。

移动互联网产品迭代也就几周的时间，如何打造产品之王？要找到市场的“开鱼刀”，创始人可以说给产品经理听，产品经理可以说给产品设计师听，一定要听懂。是否经得起乔布斯之问，就是你开发的产品能否第一时间让自己的伙伴、最亲近的人来试用，他们是否有信心。几个版本的迭代，要不断地跨越多个鸿沟，创业者要有坚定的信心和勇气，要有工匠精神。要在市场上不断地快速迭代，有错没有关系，应及时改正，然后快速往前发展，这很重要。

3. 你拥有的知识产权

拥有知识产权能推高公司的估值。你的知识产权可能是专利权、版权、设计权，或者独特的代码。如果它们能给你带来优势，你就要看看其他拥有相似专利的公司并参考他们的估值。有较高门槛的创业公司会面临比较少的竞争，高门槛是投资人的最爱。

4. 你的团队

一流的创业团队可以把二流的项目做得优秀，二流的创业团队则会把一流的项目搞砸。资金方对人的看重由此可见一斑。优秀创业团队能让资金方相信，企业即便现在略有不足，但未来极具发展潜力，能给资金方带来 10 倍甚至更高的收益回报。

5. 你释放的股权

企业的股权架构是否合理，股权出让比例如何，资金方是否有权参与优先股，是否有优先清算权，律师费用是否自费等。如果企业在这些细则上寸步不让，估值自然不容乐观。出让股权总是痛苦的决定，但需要找到平衡点。别出让太多股权导致对公司丧失控制权，但也不能太小气导致找不到投资人。10%~20% 对于天使投资来说是比较正常的。

6. 未来的发展潜力

评价创业公司的未来价值是最难和最主观的一步，特别是早期投资。相比后期融资公司体现出来的成长性，早期公司切实的业绩比较少。数据能帮助你的公司的强大潜力不被低估，坚实的商业计划书还有成长预测也能起到帮助作用。投资人喜欢看到发展势头，已有用户是吸引投资人的重要砝码。

7. 一定的公关宣传

公司的产品、创新商业模式、团队努力是否有媒体报道过？投资人通过媒体详细了解到，这样适当的宣传可能帮你推高估值，但不要过分炒作。

（1）宣传提高公司知名度。要用最小的成本获得最大的效果，选择性价比高的营销方法。

（2）包装核心团队。投资就是投人，创业者可从教育背景、工作经验、个人成就、发表行业成果等方面包装团队。

（3）包装公司文化。早期创业公司不一定有很深厚的企业文化，但氛围是可以营造的，比如负责、积极、开放、创新的良好公司形象，参与社会公益活动，吸引优秀人才加盟。

8. 你所在的市场容量大小

如果你的产品是全新的，创新性强、市场空白大、切实解决用户痛点、第一个满足用户需求的对估值肯定有帮助。相反，如果市场已经充斥着相同的产品，低估值是正常的。市场风云变幻莫测，融资时机很关键。如果细微的变化能带来比较高的估值（比如功能的升级、叠加的使用功能），有时是值得考虑的。

9. 企业家精神

创始人是否拥有成功或者失败的经历。事实上，失败的经验和成功的经历一样重要，都将影响现有企业的发展。创始人的梦想与口碑，即企业家精神，对消费者、员工、合作伙伴是否有一个良好的心态，能够做到在有利益冲突的情况下体谅员工和供应商的难处，以及包容和理解的态度，团队的稳定性和学习能力。

10. 你拥有的资源

在融资过程中，你肯定会面对各种类型的投资企业，有的经验老到，有的资源丰富。在选择的过程中，考虑项目的发展节奏和资源需求，折价拿钱，降低估值从而选择更有利于公司发展的投资机构也是一条路径。

总结影响估值的核心因素：在公司发展阶段，早期看团队、经验和整体机会，后期看供求关系和财务业绩。看有无其他投资人竞争，不要虚构你的项目很火，因为很容易被识破。创业者和团队的经验，越多经验估值越高。市场规模和趋势，这是一个相对精准的预测。投资人进入的时点，VC 可能在天使投资估值低时才进入，不然没钱赚。数据很重要，过去业绩、未来预测收入、员工数都能决定估值。当前的经济环境，经济乐观时，估值高一些。

提高项目估值的办法：创新强、市场空白大、切实解决用户痛点的项目被资本追捧，当然估值水涨船高。技术含量高的项目估值高，有一定技术壁垒的硬科技。有一定客户基数的，尤其是有增速较快的收益。产品成型，有了充分的运营数据，测试良好，有说服力。一流的团队，有行业的基因，未来极有想象空间。股权结构合理，出让股权比例不错，估值也有空间，给投资人的回报可观。

企业价值估算有四种途径：一是通过成本途径：重置成本法，就是评估企业的资产价值和企业负债来确定净资产，以此基础确定股权价格。二是通过市场途径：现行市价法，找出一个最近售出的相似的项目进行类比分析，调整差异后，确定企业价值的方法。三是通过收益途径：预期收益法，通过假设、预测盈利的基本面，收益指标，对目标企业的预期收益进行计算。四是通过行业途径：行业粗算法，根据行业内特有的技术指标对企业的价值进行粗略估算，估算出企业的整体价值。

当然，创业者的素质、团队的完备程度、项目进行的阶段也是非常重要的考量因素。不管怎样，影响企业估值的因素是多方面的，是综合评估的，不可能只因为一个因素就贸然取得高估值，投资人也是客观、理性的。

第二节　早期项目估值的方法和技巧

◎简易估值的 4 种方法

如何设定估值？一般公认的且适用的有以下 4 种：

（1）盈利倍数法：也就是你的年盈利乘一个倍数，一般是 30 倍。比如你去年盈利 200 万元，你的企业的估值就是 6000 万元。

（2）收入倍数法：如果没有盈利，就是年收入乘一个倍数，一般是 8~10 倍。比如你去年的流水是 300 万元，企业估值就是 2400 万 ~3000 万元。

（3）资产价值法：就是值钱的东西加在一起。比如企业的房产值 800 万元，2 个发明专利值 500 万元，20 台服务器值 60 万元，3 个技术“大牛”值 600 万元，加在一起就是你的公司值：800+500+60+600=1960 万元。

（4）市场惯例法：一家成立一年、10 个员工、几万 C 端用户的互联网企业，一般估值 2000 万 ~5000 万元。

假如你的企业成立一年，七八个员工，2 万个 C 端用户，去年的流水有 200 万元，盈利 10 万元，20 台服务器。

盈利倍数法：300 万元

收入倍数法：1600 万 ~2000 万元

资产价值法：60 万元

市场惯例法：2000 万元

那么估值在 60 万 ~2000 万元，可以在跟投资人洽谈的过程中综合评估得出一个中间值，只要双方认可就可以，一切都可以谈。

我在做早期天使投资时，总结出以下几个估值标准：

（1）按创始人的专业价值，比如估值 500 万元，也是一个界限值。

（2）按照技术含量来估值，有发明专利的，而且核心技术还有一定含量的，可以给予 100 万元左右的估值。

（3）如果重组这个团队，也就是另外成立一家这样的公司，需要投入多少钱，比如 800 万元。

（4）按照用户数的价格、未来利润的增长率，综合得出一个数值。

（5）对标市场上类似的商业模式，同等估值，按不同时间窗口与规模给出估值。

如果是成长或成熟期的项目，有的有了营收或利润，可以采用以下几种方法来估值：

（1）企业利润额的 6~8 倍。如果销售规模比较大，估值可以达到 20 倍。上市公司一般市盈率是 20~30 倍。

（2）企业净资产的 1~2 倍。比如在建工程尚未实现盈利，可以考虑以净资产作为估值依据，这相当于新手机用旧了价值就低了。

（3）企业销售额的 1 倍左右。适合软件、广告等轻资产行业，花 1 亿元买年收入千万元的网络游戏可以，花 10 亿元买年收 1 亿元的不划算。

（4）年均投资回报率 15%，一般是投资者按未来 3~5 年的收益，折算成他的年均收益率。

◎各阶段融资如何估值

创业项目在不同的发展阶段，投资人关注的重点也不同，对于估值的评判与标准也不同，往往创业者与投资人之间存在一定的分歧。如果分歧较小还可以进行沟通与协调，如果存在巨大分歧时就难办了。

尤其是早期项目种子轮和天使轮时，市场上也没有估值的标准，那么投资人判断、融资时机、信息对称性都有比较大的不确定性，导致双方对项目估值的分歧很大。

主要表现在：一是投资人对行业越了解、信心越大，对项目给出的估值就越高；二是外界普遍看好某行业或者是某细分市场，估值自然水涨船高。一般融资启动时间是规划钱到账的 6 个月之前，这样对估值的把控性较高，不会因为账上缺钱而被动，从而在和投资机构的谈判中对估值进行不必要的让步。早期项目基本是看团队背景和创始人的商业格局，对实际公司背景的尽职调查有一定的困难，也造成了重要信息局部不对称的情况。

对于早期项目的融资，我认为要本着三项原则：一是拿到钱是第一要务；二是拿到适量的钱就行，比如可用一年半的时间，不宜过多，当然也不能不够用；三是建议各位创始人不要在估值上过于纠结。

那么，各阶段的项目特点和估值标准是什么呢？

1. 种子期

（1）项目特点：可能是同学、同事或朋友的突发奇想，有了一个好点子，想解决市场或客户的痛点，决定创业一个项目。前期可能投入了几万元、几十万元的资金，项目发展遇到资金瓶颈，想招人扩大、想向市场推广却发现没有钱投入，这时想到融资。

（2）估值标准：一般估值 100 万 ~1000 万元。建议股权出让比例 10%~15%。标准主要是：创始人的能力与格局、研发资金、模式验证的成熟度、是否有一定的用户数据。我经常遇到有人私信我说：“我的创意被人复制了怎么办？”如果你的项目让人一看就能复制，代表你的项目没有竞争力。

如果你的创意是玩具机器人，操作说明书大家一看就会，那你要反思了。为什么自己的项目可以解决某个行业痛点，如果没有硬功夫，比如技术优势、渠道优势、资源优势，那么成果一问世，市场就是别人的。

2. 天使期

（1）项目特点：前期可能投入了上百万元的资金，商业模式也做了一些验证，样品已经生产，但需要资金做市场推广。

（2）估值标准：1000 万 ~5000 万元，建议出让股权比例为 10% 左右。标准是：被验证的商业模式其潜在市场容量大小、同类型竞争对手本阶段的估值水平；前期所有投入目前产生的各种成果的市场对价，IP 或者客户等；之前是否被知名投资人或者投资机构投过。

3.A 轮阶段

（1）项目特点：此阶段的产品或客户有一定的规模，已经被市场验证和认可，应该说是可行而且能赚钱了，此时需要提升规模和扩张，资金需求量比较大。

（2）估值标准：基本是上亿元的规模。建议出让股权比例为 10%~15%。此时主要是尽调你的产品或模式及潜在市场容量，还有现有的财务状况，对比同类公司的同期估值水平等。投 A 轮的都有很专业的投资团队和行研风控团队，你说的每一句话，比如市场容量、竞争对手、业绩预测等，都会在后面的尽调中被投资人充分验证。

至于 B、C 轮和后面的，就不一一说明了，毕竟到了那几轮的项目也不需要我们在此讨论太多了，大家都很成熟，很了解资本市场的特点了。总之，在早期项目融资阶段，要不断地熟悉自己的项目特点及估值标准，以最大诚意与投资人合作，从而达到自己创业成功的目的。

补充一下：为什么出现“C 轮死”？ 90% 的创业公司无法完成 C 轮融资，主要原因有四个：一是融到资后急于扩张。有的耗费巨大去做环境扩张、团队扩充、市场扩张等，如果没有充分变现就急于扩张，风险巨大。二是过于自信，新的商业模式无法变现。前两轮的融资让商业模式没有很好地变现利益，无实际利益给投资者。三是烧钱无法持续，用户黏度不高。企业的资金链极容易断裂，减少补贴就不行，用户极易流失。四是让投资者觉得投资升值的空间缩小，C 轮投资者能快速出手的不多，所以要备好资金。

◎天使投资估值的 6 大核心算法

早期项目估值到底是拍脑袋想出来的，还是有一定的方法与规则可言？老实说，真不多！因为有太多的不确定性，数据也基本缺失，只能采取一些非常规的手法来估值。不过早期天使投资人还是有自己的一套估值“核心算法”的。

（1）市场比较法：找一个跟自己阶段类似的团队、数据的项目，看人家融资是多少估值。

（2）可转债法：相当于先借给你钱，当然有一定的期限和利息。如果到下一轮融资，可按折后估值转股，比如项目估值 2000 万元，投资人封顶是 1000 万元，相当于五折进下一轮，这就是超额利润。

（3）综合要素法：比如 500 万 ~5000 万元，一个好创意 500 万元，一个好盈利模式 500 万元，一个好团队 500 万 ~1000 万元，一个巨大的赛道 500 万元，综合起来加上权重来计算。

（4）收益还原法：

倍数 =（基金回报要求 ÷ 成功概率）÷ 股权稀释比例

估值 = 最有可能的未来估值 ÷ 倍数

例如：要求回报 5 倍，成功概率 10%，股权稀释比例 20%，那么倍数就是 250 倍，若未来估值是 10 亿元，除以 250 倍，等于 400 万元，那么估值上限就是 400 万元。

（5）闭环叠加法：主要是指成功过的团队、产品或服务已上线、已有用户付费，这些闭环是有价值的，叠加越多，估值越高。

比如 100 万活跃用户但没收费，10 万用户但 10% 是付费用户，后者的小闭环要比前者的开环价值高。

（6）上限法：就是投资人心中的心理价位，高线是市场比较、收益还原、闭环叠加来确定，低线考虑创业者的投入、机会成本、资产等可量化的，取一个区间值。

以上 6 种方法综合使用，市场比较法确定大致范围，收益还原法确认投资高线，闭环叠加法进一步调整估值。

不同的行业项目采取不同的估值法。比如“现金流量变现法”适合现金流为正的企业进行估值，属于传统行业。“市净率法”适合大量资产、净资产为正的成熟行业。“市盈率法”适合高新技术企业，已经实现盈利。早中期发展阶段的企业可采用市销率法、市净率法。已盈利的成熟行业有强烈的上市预期，采用市盈率和现金流量折现法。

第三节　项目估值中的错误认识

◎项目估值有哪些错误认知

我们知道，如果项目没利润，就按市销率 × 销售额来计算，还可以拿一个已融资的类似项目来做比较。千万不要跟投资人信誓旦旦地说投多少钱，让他赚多少倍之类的话。

创业者对于估值，常见的有 6 个错误看法：

（1）估值是本行业的某个收益系数来确认的，其实这只是一个参考值，并不是通用标准。

（2）估值是不变的，其实随着发展和环境的变化，估值是需要变化的。

（3）不管用什么方法，只会得到一个绝对的公司估值，其实都是相对合理的，双方都接受。受模型、方法、收益乘数、对标交易、回报率要求等影响而变化。

（4）会计师可以做估值。只是一个参考值，会受利益的影响，比如偏向创业者，而投资人不接受。

（5）公司估值只需要财务报表就够了。其实，还受市场竞争、行业前景、经济形势、股权结构、管理团队、公司和产品生命周期等影响。

（6）估值等于会计报表上的各种权益加总，包括自己的时间成本等。投资人根本不认同。

我们说没有收入的初创公司，可以采取记分卡的形式来算估值，如表 3-1 所示。

表 3–1　记分卡估值法

因素	比例
管理团队的能力	30%
市场机会的大小	25%
产品及知识产权	15%
竞争环境	10%
市场、销售渠道、合作伙伴	10%
需要后续融资	5%
其他	5%

如果平均水平是 100%，对一个初创公司对应以上因素分别打分，得出一个综合分，最后得出一个总分就是估值了。

当投资人问你几个有关估值的问题时，比如上一轮投后估值是多少？是什么时候完成的？这一轮准备按多少估值来融资？你的正确回答应该是这样的：

（1）我们对估值的态度很现实，也知道目前的环境和当前的正常估值是什么。

（2）不要说一个确定的数字，更不要说让市场决定价格，估值不是唯一的决定性因素。对于我们来说，最终的财富成功不是因为这一轮省下 5% 的股份，而是来源一个有思想、努力工作的管理团队和董事会，我们正在寻找能提供这些帮助的人。

如果你的项目有一个明星管理团队，吸引了几家投资公司，还有实际的客户，是会提高估值的。投资公司考虑的是投资回报率、投资退出终值、稀释比例的确定。

对于估值，创业者要理性看待，这样才能让自己的项目走得更远！

◎常见的 6 个估值错误

不少创业者对项目的估值或过高，或过低，有的太早，过分关注估值金额，这些都是常见的错误。主要表现在以下 6 个方面：

（1）估值太低、太早。如果为了太少的钱而过早地放弃公司的大部分股权，就会为后几轮的融资设置障碍，影响公司的进一步发展。

（2）估值太高、太早。在产品或服务还没有客户的情况下，初创公司从一腔热情的投资者那里过早地拿到了高于正常水平的估值，发展却没有预期的那么好，有的创业者大量烧钱，结果葬送了项目。

（3）没有客户的验证。除非你有一个完美的创始人业绩记录，如果你的产品或服务还没有得到客户的验证，也就是说，商业模式还没有证实能走通，要求过高的估值是没有太大意义的。即使获得融资，也会成为你脖子上的枷锁，迟早会出事。

（4）不能交付产品或服务。创始团队不具备相应的经验，对于企业管理、产品设计、营销运营、招聘和知识产权等，都是边做边学，即使拿到很高的估值，团队也没办法交付产品或服务。

（5）过分在意估值金额。如果投资人想快速投资，拿到钱比斤斤计较好，因为你可以拿到钱后快速发展，使公司发展壮大，时间成本很高。

（6）融资金额与股权分离。有的早期创业项目开始融资 1000 万元，只稀释 5% 的股份，这样的项目不太可能有这么高的估值，往往得不到投资人的认可。你可以核算下如果有人做一样的项目，需要投入多少钱。

第四节　融资前要做哪些准备

◎第一次融资要注意什么

第一次融资，除了找到投资人，还要找对投资人！要找到核心投资领域与自己匹配的，包括与哪个投资团队相匹配，早期项目就该找天使投资，成熟的项目就要找实力雄厚的机构。

不要急于找高层级的合伙人，他们一般不太关注早期项目，除非有特别通道或人脉介绍，否则你很难见到合伙人级别的人。学会向投资人提问：有兴趣投我们吗？投资额度是多少？

除了资金外，还提供哪些帮助？比如营销渠道、人脉。衡量的三个指标是：投出的成功公司多，当期管理规模大，年均回报高。这些投资人越有经验，眼光越独到，当然要有好项目，这样才不怕融不到资。

很多创业公司通过多次路演、交流和沟通，终于有投资公司来投资自己的项目了，但是有哪些需要注意的事项呢？

（1）最重要的是股份。几个重点问题就是公司估值、融资额、稀释比例、股份构成。各方的股份比例具体是怎么样的，创始人预留了多大的期权股份池，期权池将来发放时会稀释谁的股份，创始人的股份会在多长时间兑现等，这些问题都要在一开始就确定清楚。企业选择融资渠道要注意的问题及分析，如表 3-2 所示。

表 3–2　企业选择融资渠道要注意的问题及分析

问题	具体分析
进入深入分析	提前分析融资的费用、时间和不确定的风险成本
确定融资规模	量力而行，融资是要付出成本的，不能过高或过低
选择融资机会	一般来说，有较好的数据和成长规模、亮眼的团队时
建立信任关系	通过融资合伙人的引荐容易产生信任感，提高效率
坚持原则问题	创始人在重大问题上有否决权，小细节上不要斤斤计较
认识企业价值	了解投资者的性格、爱好及办事方式、知识背景
提前进行谈判	问题提前以书面形式清楚罗列出来，文件要规范

（2）公司的知识产权是很重要的。对于各项专利、著作权、商业秘密、商标等，都要明确法律意义上的产权或书面承诺从个人或第三方转给创业公司，这点很重要，否则后续融资会麻烦不断。

如何防范知识产权风险？知识产权存在归属的不确定性、价值不稳定、法律状态不稳定三个风险。比如版权归属、侵权风险、版权登记风险，逾期没处理、市场没价值。要加强知识产权体系建设，建立风险管理部门、知识产权管理部门、人力智力管理部门和法律、专利律师部门，初创可以跨部门，一人兼多职。建立知识产权风险预警机制，知识产权要第一时间申请专利权、商标权，防止供应商知识产权的风险导致自身风险，对商标、图片和文案等严格检索，规避侵权风险。利用合同来约束防范措施，约束合作方与公司的人员，在采购合同中明确知识产权担保条款，研发在合同中明确知识产权归属问题。

（3）董事会：创始团队在董事会的席位、投资人有几个席位，投资人指派的董事对哪些事情有否决权。一般来说，早期项目投资机构只有一个董事席位，只是对重大事项拥有否决权，不直接参与公司的经营与管理。比如公司要使用 10 万元以上的资金时，投资机构的董事是需要知晓的，对于重大方向决策的改变时，也是有发言权甚至否决权的。这些要事先约定好。这些否决权很多是行业常见的且比较难通过谈判要求投资人放弃的，但是有很多具体事项可以谈，最好让律师帮忙。比如比较严格的否决权不仅要求公司的期权池大小和期权协议内容要股东会或董事会批准，甚至在每次给员工授予期权时也要批准，这时只要创始人争取，投资人往往可以同意后者不需要再经过批准，以便提高公司运营的效率。

董事会席位设置技巧：根据股权比例来设定董事，有限责任公司一般 3 名，股份制公司一般 5 名，A 轮融资后，可以设为 5 名。可让投资人作为董事会观察员，可定期获得企业的信息，也不用为各种决定而承担责任。多轮融资后，可以让创始人实现“多倍表决权”，其他股东是一股一票，创始人是一股多票，这样就把控制权握在了自己手里。

（4）只有签了合同，一手交钱，一手交股份，才算数。但对于一些公司来说，往往有需要尽快达成交割的考量，比如正在计划并购某个公司，或者是亟须雇一批人开发某个新产品、新功能，或者是需要在同行业公司融资时率先完成这一轮的融资，以便获得领先优势。

（5）包括创始人在内的员工是否都和公司签订了所有重要协议：劳动合同、知识产权所有权合同、保密协议、竞业限制协议，这方面的工作要提前做好，以免产生不必要的法律纠纷。

（6）要清楚投资人提出的一些优先权利：他们一般会要求优先购买权，也就是说，如果公司增发新股，或者其他股东出售股份和共同售卖权，这些都是标准的做法且可以接受。但是也有投资人要求超额的优先购买权，也就是在有新股可以购买时，其可以购买的比例超出该投资人与其他投资人之间的比例。这个权利涉及的百分比如果过大，会导致在公司下一轮融资时，该投资人有进行领投的绝对权利，这会让其他潜在的下一轮投资人对公司失去兴趣。如果这个超额百分比不大，则不会有负面效果，只是显示该投资人对公司有信心，希望下一轮融资时能够增加持股比例。

当然，还有很多附加的协议，如果投资人真的希望项目共同发展，取得良好的投资回报率，基本都能坐下来好好协商，有些细节也是可以沟通的。

◎测算项目能否拿到投资

投资人以 10 项标准来判断项目是否优秀：

（1）项目未来能做多大。风投是靠退出赚钱的，天使项目早期价值都很小，如果获得融资后，半年开始下一轮，估值至少要放大 2~4 倍，估值做到百倍的都有，因为刚开始基数低。

（2）项目市场容量有多大。3~5 年内，市场容量在 500 亿元以上的项目可能成长为独角兽，市场成长慢，未来想象空间肯定不行。国内市场不够大，可以试试出海。

（3）项目在行业内能否做到前两名。在国内找到竞品，看国外是否有对标，判断这个公司在行业内的位次能否冲到前两名。六个方面做好产品的竞品分析，如表 3-3 所示。

表 3-3　六个方面做好产品的竞品分析

项目	分析内容
战略层	看竞品的定位和用户需求，比如共享单车，最后一公里解决的就是真正的需求
功能的范围	比如两款社交软件，有的可能在交互设计上很不错，有的可能在视觉感上很炫
商业模式	如何锁定用户，获得付费用户

续表

用户习惯和消费体验	共享单车有的是输入密码，有的是扫二维码，现在扫码是主流
延伸服务	比如“小蹄大作”，是以爆品猪蹄为导入品，后面有更多的福利
功能拆分	比如免费与付费部分所占的比例，免费可用日活、月活，付费要用产品黏性、关注度来衡量

（4）如何算是优秀的产品或服务。要解决用户的痛点，这是真的痛点，不是你想象的假痛点，要有创新点，让客户有黏性，还要有商业价值和社会价值。

（5）项目盈利模式是否清晰可见。是前向收费（付费下载、点播费、增值服务费）、后向收费（企业主、广告主、引流费）、衍生收费（分发、联运、分成等）还是三者都有。

（6）项目如何复制和扩张。从 0 到 1 发展很困难，需要有指数性的发展思维。

（7）创业人有多牛。不能是泛泛之人，基因很重要。鹰的视野，有格局和愿景；豹的专注与速度；“小强”打不死的精神；兔的情怀，懂得分享与感恩。要一见如故，有执行力、领导力和学习力。要兼具情商、智商、财商和逆商。

（8）项目运营数据是否亮丽。用户数、日活月活、付费率、客单价、复购率、毛利率、增长率是否不错。

（9）项目投资的性价比是否高。早期项目估值一定要合理，给投资人足够的空间。

（10）项目未来退出机会大吗？找到接盘侠的概率高吗？退出机会有几次？退出时间两三年够吗？退出收益如何？

如果你能回答投资人心中纠结的问题，拿到天使投资的概率就很高。

◎可转债融资的好处与坏处

通过可转债方式融资，是一个可行的方式吗？有哪些好处和坏处呢？这种方式一般适合 100 万 ~500 万元的早期项目融资，介于债务与股权融资之间。

投资人暂时是公司的债权人而非股东，在下一轮股权融资时，投资人可以按约定将可转债的本金和利息转换成公司的优先股，这其实是一种过桥贷款。

1. 对创业者和投资人什么好处

（1）避免因估值问题浪费时间，还可以省去律师费，文书也相对简单、快捷。投资人不需要董事席位，创始人对公司一直有控制权。

（2）投资人不必花时间尽调和谈判，可在公司股东前优先获得公司资产的主张权，规避阶段性法律风险，当风险过后可以将债权转化为股权。通常转股时还有折扣价。

2. 对创业者和投资人什么坏处

（1）由于后续股权融资时有 20%~50% 的价格折扣，所以不能统一创业者与投资人的利益。投资人想压后续融资的估值，但创始人想提高估值，这是分歧所在。

（2）万一可转债投资人到下一轮融资时不转换成股权，VC 投资人会觉得是不是对公司发展没有信心，这是一个坏的信号。

（3）如果公司发展不好，无法偿还债务，可能被投资人接盘或破产，有可能让创业者个人承担连带的债务责任。

3. 到底是选择股权融资还是可转债融资

（1）是否接受可转债融资，这取决于你能否将现在的股份价格提高到当前股份价格 ÷（1- 折扣率）。

例子：可转债投资人拥有 A 轮融资价格的 20% 折扣，A 轮融资价格是 1 元 / 股（可转债投资人可将 0.8 元 / 股的价格转成 A 类优先股），此时投资人愿以 0.9 元 / 股的价格购买股份而不以可转债投资，你如何选择呢？

答案：如果你可将公司今天的股价在 A 轮融资前提高超过 25%（从 0.8 元 / 股提升到 1 元 / 股），就接受可转债融资，否则就接受股权融资。

（2）创业者没有信心将项目估值从 A 轮融资之后，第一轮提升两三倍，最好不要找 VC 公司融资，他们不会感兴趣。

（3）可转债融资的最好时机是：在找 VC 融资时还需要资金支持，比如找关键人员、购买设备、获得潜在业务等。有些潜在并购方跟公司接触，这是一个好时机，并购完成后，偿还可转债的成本也不高。

总之，当初创项目需要钱，但又不知道公司值多少钱时，可以通过可转债方式融资，这样给投资人一个风险匹配的回报补偿，一起做大公司后，等后续专业投资人来对公司估值做出判断。

◎如何寻找早期投资人

很多创业者说写好了商业计划书，就是找不到投资机构、对接投资人。

一般来说，找投资人有以下渠道：

（1）通过已经融资成功或曾经融过资的朋友介绍和推荐。一般成功融资的创业朋友对投资机构很了解，彼此信任。

（2）通过风险投资行业内的朋友进行推荐。最好认识一些投资圈内的朋友，他们身边全是同行，相对来说有说服力。

（3）通过当地创新科技委员会、孵化器、路演平台、创业创新大赛、创新周活动推荐。各地都有双创周活动，可以通过一些路演的机会向机资人展示，可以获得机会。

（4）通过媒体捕捉投资公司信息。比如创业、创投类的媒体看到一些投资机构的领域与动态，有的还有他们的邮箱、地址等。

（5）通过网络搜索，比如微博、微信公众号。可以与投资人留言互动，说不定他们会有兴趣，不要一味地发信息，以免引起反感。

（6）通过中介公司推荐。他们专业，资源也很丰富。

很多创业者说，不少 FA 中介机构，一谈就要签协议、收费，怕上当受骗，想通过免费获得投资也不现实。通过以上渠道找投资人的过程中，也要注意一些事项：

（1）真正的投资公司是很少做广告的，但是他们会披露自己投资项目的动态，比如投资网站与杂志都会报道一些最新融资的新闻，某项目获得多少融资等。在这些新闻中，可以了解该投资机构的实力、动向、投资领域等。

（2）网络搜索投资公司，还是要看行业评论里的专业文章，第三方网站的评论会相对公平、客观，有些门户网站和杂志的报道还是相对客观的。如果讲项目如何好，可能是广告公关类文章；如果是报道整个项目的尽调、决策还有一些不足的地方，那可能是比较公正的新闻调查。

（3）对于提供商业计划书撰写、路演辅导和对接投资人的 FA 机构，不可能是免费提供服务的，服务也是有成本的。因此，文件撰写工作必须付费，一般是几千元。如果你想先找到投资人再说，之前一分钱都不出，那是不可能的，天下没有免费的午餐。

（4）如果 FA 服务机构什么都没干，一开始就说要收钱，那么这是不靠谱的，毕竟这不符合双赢的思想，也可能是空手套白狼，合作还是要讲究诚信的。

（5）值得说明的是，FA 中介服务机构也不可能保证百分百地融资成功。是否成功，绝大部分因素还是取决于你的项目是否足够优秀，既然投资公司已经给你找到了，他们就要收取前期服务费，不能让人家免费为你服务。

渠道很多，但是获得投资的概率确实很小，练好自己项目的内功是最关键的。

第四章 参加创赛路演如何获得成功

第一节　路演中常见的不足有哪些

◎路演时常犯的毛病你有吗

（1）路演的时候千万不要一根筋。来了以后就开始背材料，不管你问什么问题，他总会回答这个问题的答案后面有。

像这样的路演通常都很失败，因为时间到了，而投资人想知道的问题并没有得到解答。所以，路演的时候大家要随机应变，要根据投资人的状态展现自己。

（2）要注意听投资人的问题，不要一味地防御。很多时候，感觉创业者的火气很大，多问几个问题他就发火了。

其实，我们问这个问题并不是要得到一个肯定的答案，无非是想知道你有没有考虑过这件事，你对要做的事情有没有考虑周全。我们通过这些问题来判断你的能力，因为投资就是投人。我们所有的问题很大程度上都在看人的反应，你的反应决定我们对你的看法。

（3）不要用太多的技巧，简洁有效最重要。有的时候，我们问你到底要融多少钱，这个问题够简单了吧，80% 的创业者不会直接回答，甚至有的要讲 10 分钟，也没听到最后的答案，其实我们真的只是想知道你想要融多少钱。

（4）说过的谎话和大话总是要还的。有的时候，创业者并不是有意要说假话，但是说着说着就变成在圆谎了。所以，在跟投资人交流的过程中，对自己、对投资人都要永远保持真实。

（5）读懂投资人的反馈。很多时候，我们去见十个八个投资人，回来以后都说挺好的，最后真的再见的可能就剩两个了，所以大家一定要读懂投资人的反馈。

第一种叫“保持联系”。挺好的，我们保持联系。这基本等同于拒绝。

第二种也是“保持联系”，但是后续投资人会主动问你进展情况，比如过了一个月他会发微信问怎么样了。

第三种是安排各种见面。

第四种是直接当场拒绝你。

最好的交流方式就是把投资人当作好朋友，真诚且有感情地进行交流。

（6）不要几个人争相上台讲，甚至抢话筒；不要动不动就讲颠覆 BAT；不要打击竞争对手；回答投资人的问题应直截了当，不要模棱两可；抓重点讲，前面的背景、市场规模一笔带过；注意礼貌，不要攻击投资人，认为他不专业。

◎路演千万不要假大空

路演不只是展示你的企业，也是展示演讲人本身。大家切记路演不是炫耀和吹牛。

（1）关于技术：有些演讲人喜欢说第一、全球领先，千万别小看投资人的能力，他会关注你，一定是了解你的行业的。

（2）关于竞争对手：我们接触的企业中有些人说没有竞争对手，如果真的这么厉害，你还需要出来兜售吗？

（3）关于钱：千万别说万事俱备只缺钱。把你的融资计划讲清楚，需要多少钱、要做哪些事。你可以适当地说出企业发展的困难，需要链接哪些资源。

（4）关于方向：千万别说你要成为下一个谁，你要成为行业第一，不切实际的幻想对于投资人来讲毫无意义，你是什么样，路演下来投资人对你基本就有判断了。

（5）关于情怀：千万别讲这两字，投资人听太多了，什么情怀、初心，这一部分可以放在以后尽调中说。毕竟投资人要从口袋掏钱给你，不是听你讲情怀的。

路演的心态有哪些需要我们注意的呢？

（1）投资人不感兴趣或者不投，不代表你的项目不好。或许领域和阶段不符合，或许投资机构也正好缺钱，有的投资人可能只是把你的项目当作研究对象而已。

（2）要在如何坚持自己的创业方向中适当调整自己，投资人的话不能全听，也可以不听。他是你的参谋，你是司令，项目是否成功，主要是依靠你和团队。

（3）可以请投资人吃便餐，不用特别奢侈，大家都是平等的关系。

◎路演要讲的重点内容有哪些

现在项目路演的机会很多，也有的创业者参加了不少路演，但成效不大，基本是走过场。怎样做好项目路演呢？

1. 提前做好准备

这包括要对 PPT 的色彩、结构等进行优化，对着镜子或者同事模拟投资人进行演讲，个人的形象要有职业感，不能穿拖鞋就上场，也不要不修边幅。提前熟悉电脑、遥控激光笔、话筒等，在路演过程中戴手表，合理控制时间，详略得当地进行阐述，适当运用一些肢体语言，与投资人保持联络。

2. 如何把握路演的重点

演讲的重点包括以下几个部分：

（1）公司在做什么？进展如何？告诉听众企业是做什么的，这是听众关心的基本问题。

（2）市场有多大？这个问题必须是企业对整个行业的研究和对消费者的洞察之后得出的结论。

（3）有谁在做？如何竞争？这个问题的关键在于告诉听众，企业与其他同行在哪些方面是不同的，企业的核心竞争特色是什么？主要从以下几点来体现：

①功能分析：哪一类人群通过我的产品解决了什么痛点，获得了什么价值。

②技术创新：技术原理、技术路线和技术突破，创新点和差异化。

③比较优势：要在关键性能和核心指标体现差异化和效果指标。

④门槛壁垒：知识产权（各类专利和独家技术、研究论文）、权威证明认可（比赛或展会获奖、权威检测报告、专家评定推荐）、研发积累（研发长期积累的优势）、行业经验、独特资源。

⑤应用场景：标准化、个性化、定制化，可以用图片或故事进行说明。

⑥效果验证：用户画像清晰，订单、满意度、协议、占有率。

（4）为什么我们能做？

（5）什么样的盈利模式？

3. 路演如何讲好痛点

先确定用户的痛点，不要动不动就是 14 亿用户都能用，要有细分。在陈述用户痛点时，要与观众产生强关联。以高情感卷入度为标准，而不是以问题重要度为标准，痛点要高感知、率真。比如孕妇奶粉的宣传小视频，如果是分娩的痛苦，但不是高频，强调怀孕期间的不适，如穿着、体重、身材等。比如消毒产品，在路演时问“你们今天都戴口罩了吗”，要直达人心。

4. 路演如何用好辅助材料

路演除了讲 PPT 外，还可以用一些辅助材料来说明。比如证明实力的材料：专利证书、获奖证书、发布会照片、客户赞许评价、新闻报道、加盟专家顾问等。可以利用权威国际大奖的现场照片和证书来证明、项目落地的现场照片，产品的使用画面，观众的直观体会和感受，采访用户后发表的看法和使用感受，这些都是不错的辅助材料，很有说服力。

路演就十几分钟，以上重点都把握了，离成功就不远了。

第二节　如何回答评委的提问

◎创赛中如何回答评委的提问

一般创业者参加创业大赛，除了做好和讲好商业计划书外，成功的关键是如何回答评委的提问，比赛评委一般来自行业专家和投资人。行业专家来自科研院所或知名大企业，有相应的研发背景，对技术了解；投资人来自风险投资机构，对整个行业充分了解，尤其关注几个特定行业。有的创业者讲得很好，但到了答疑环节就不行了，所以这部分很重要，希望引起大家的重视。

1. 评委最关心的问题有哪些

（1）关心商业模式的创新点，包括开拓市场、解决行业痛点、产品开发计划、技术壁垒、应对竞品等内容。

（2）项目前景，项目落地，什么时候能投入市场。项目一定得有很好的成长性，应用范围越广越好，技术越先进越好。

（3）投资回报率、投资回报周期。这需要数据辅佐，而且数据要真实准确。

2. 如何回答投资人评委最关心的问题

（1）诚实回答问题，敢于承认不懂的方面。在比赛中要尽量以你的商业常识和技术常识理解、回答别人的提问，但遇见实在不懂的问题，不要绕圈子，承认对这方面没有考虑周全，虚心接受评委的建议。

（2）评委在提问的时候未必是为了否决你。如果你的表现不理性、强词夺理、心态不平和，就是巨大的减分项。

（3）要做到无比真实。夸大基本事实，过分宣扬，参加创业大赛就失败了一半。项目的估值一定要合理，不要不切实际地喊出天价，要从资本市场的角度看待问题。

（4）回答评委提问要简洁明了，千万不要评委问一个问题，你回答十个问题。可以适当讲点情怀，但不能一直讲情怀，要讲如何赚钱。

（5）不要轻易改变立场。比如“这个可能是错的”“我再想想，这个可能有问题”，不要摇摆不定。万一说到你不知道的问题，可以说“真的不知道”，千万不要不懂装懂。

路演如何回答评委的提问？要等评委把问题说完了再回答，一定要面带微笑，不要插话。评委提出尖锐问题时，不要受情绪影响，回答不了，不要强词夺理。问市场空间是否够大的问题时，要做好“小而美”生意的应答。对于时间节点的问题，要做出符合投资时间窗口的回答。关于股权分配，一定要掌握实控权、股权激励，避免对赌、代持。对于融资用途，要明白市场扩张、技术研发、人才招聘等用途。有些问题不一定有答案，只是考验你的思维能力与方式。

现在创业创新大赛给很多创业者展示自己的机会，还有可能获得奖项，大疆创新就是在大赛中出名的。

◎评委常问这些问题，背后的含义是什么

不少创业者跟投资人见过面，或者参加过创业大赛路演。我做过深创赛半决赛的评委主任，项目的痛点、亮点、盈利点和退出点这“四点”是大纲。下面总结一下常见的问题及背后的含义。

（1）技术是否具有突破性，而不仅仅是稍有改进？

背后的含义：优秀的技术公司，拥有的专有技术应比最相近的技术高一个数量级，必须力争做到十倍的改进，稍有改进对终端用户来说就是毫无改进。

（2）你现在进入这个行业的时机合适吗？

背后的含义：进入缓慢发展的市场是不错的策略，但是你要有明确的计划来抢夺市场才行。

（3）你能够在一个市场里抢占大份额？

背后的含义：强调市场很大，足以满足所有的进入者，每个人都认为自己的公司有优势。如果你不能垄断市场并拿出独特的解决方案，就无法摆脱恶性竞争。

（4）你有合适的团队吗？

背后的含义：你是单打独斗吗？ BP 上面的团队哪些是兼职的顾问团队？如果不是全职的团队，你一定要说清楚，否则会适得其反。

（5）你的产品能卖出去吗？

背后的含义：销售、物流与产品本身一样重要，很多技术出身的创始人梦想产品非常畅销，所以不要认为产品一定会畅销，一定要提出具体的解决方案，最好有好看的数据。

（6）未来十年你能保住自己的市场地位吗？

背后的含义：企业的持久竞争力如何？如何在市场竞争中保证长时间的竞争优势？

◎讲好商业计划书的终极大法

很多创业者自己或者找人做好了 BP，一切看上去很完美，但是创业者去见投资人展示商业计划书或者上台路演时，基本是照本宣科，没有一点演讲的激情，甚至对自己的项目都没自信。BP 做好了，如何把 BP 展示出来呢？以下方法供各位理解并运用：

1. 自己心中有一张纸，清晰列出主要提纲

一页纸的大致演讲逻辑是：我是谁，项目是什么，怎么做这个项目，如何跟竞争对手竞争，现在做得怎么样，现在的需求是什么，拿到钱会怎么做。

举个例子：唐僧是 CEO，团队成员是孙悟空、猪八戒和沙和尚，天使投资人是唐太宗，后期取经就是 IPO 的过程。每一次唐僧想融资时都会说“贫僧从东土大唐而来，要去西天求取真经”，这句话包含了我是谁、我从哪儿来、我要干什么，也就是项目的目标。一个去西天求取真经的故事，打动了很多投资他的人，通过多轮的融资，实现把项目做上市的目标。你从这个故事中学会了什么？

2. 讲解 BP 中易犯的错误

（1）长篇大论地讲市场背景和行业分析，等你讲了 10 分钟的背景后，投资人早就没有耐心了。其实，投资人长期在行业内，比你更清楚行业，一笔带过就行。注重“新大”二字，“新”就是指阐述你的创新点，与别人不一样的地方；“大”就是你的市场规模要大，即使是一个细分市场，也要讲你如何占到“大”比例的市场份额。

（2）讲不清自己项目的商业模式和核心竞争力的原因：一是没有完全走通商业模式；二是受投资人的提问影响，摇摆不定。

（3）讲不清与竞争对手的差异，可能就是自己的项目比人家做得早，也可能是自己的算法更先进，或者团队更强大，但是核心的“天花板”和“护城河”没有说清楚，这是一个硬伤，一定要克服。

对团队一笔带过，甚至头像都不清晰。要么是团队根本不是专职，要么是一个虚拟的假团队，那种拿顾问当团队、拿大咖当核心成员的，一律不要欺骗投资人。

理想的创业团队有 CEO、CTO、产品经理和行业专家，可以一人担任几个角色。以下团队让投资人没兴趣：

没有领导者，没有指引团队方向和拍板的人，只是一些执行者，都是做实事的人不行。

全是刚认识没多久的人，没有进行磨合，最好是同学、朋友、发小或老乡，彼此知根知底。

背景过于接近，可能是之前公司一个部门的，做技术或做营销的，最好产品、技术、营销能互补。

核心团队成员都是兼职的，比如专家、大学教授或还在 BAT 上班的，这样的项目肯定不会成功。

核心团队成员的年龄差最好不要超过 10 岁。

（4）不详细展示项目的实际进展情况，也不做具体的演示，而是用概念柱状图来体现数据，这是不自信的体现，但投资人最关心这部分的内容，因此不能忽略。

（5）PPT 用太多动态特技，导致播放时浪费时间，除非是为了展示流程或工艺的需要。PPT 少用文字，多用图表和数据。

3. 讲解的顺序

路演讲解基本上可以按照“3WHM”的顺序来进行，就是“who+what+why+how+money”。首先介绍团队，其次介绍你们正在做的事，再次介绍为什么你们要做、怎么做的，最后提一下融资的计划、发展规划等。可以按照“3 牛”来讲解：面对目标市场——“我很牛”；面对竞争对手——“我最牛”；只要“有钱”——“我更牛”。讲解时要自信，要有底气和气场，但不能自傲。

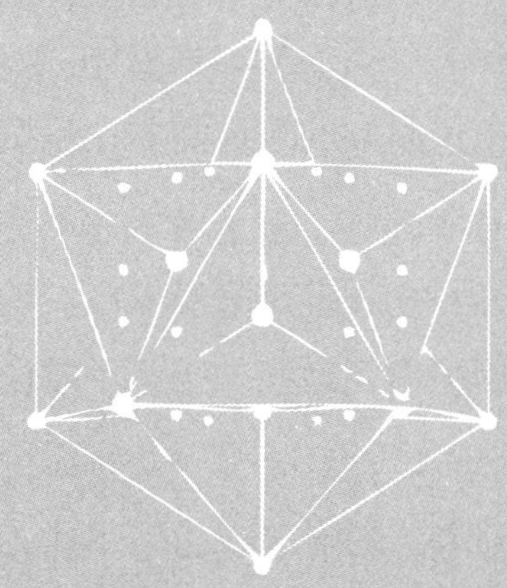

第五章
学会与投资人打交道

第一节　与投资人沟通要说什么

◎与投资人沟通的 9 个注意事项

很多创业者好不容易可以跟投资人交流沟通，却没有掌握基本的技巧，最后效果不好，浪费了机会。跟投资人交流，需要注意哪些技巧呢？

（1）事前工作要做细，先从网站或朋友们侧面了解这位投资人的学历、家乡、喜好、知识构成、所投领域和成功案例，可以适当接近他的共同语言，让彼此谈得来。你要有自信、魅力和气场，完全可以与投资人成为很好的朋友，拉近距离。

（2）自己心中要有一本账，主要核心要素清楚：你这个想法的核心价值是什么？能给客户带来什么价值？为什么你能做成？核心竞争力在哪里？你有多少客户，你的客户挖掘成本是多少？预期营收是多少？自由现金流有多少？财务预算、现有的市场形势、竞争环境、服务目标群、未来 3~5 年的收入与利润……最重要的是你需要让投资人相信这些都是能实现的。

（3）对自己的估值心中有数，预计 3 年后公司能值多少钱？投资人的回报大约是多少？做到有说服力，尽量言简意赅。千万不要说天文数字——千倍回报、万倍回报。

（4）不要担心投资人了解你的核心机密，说出这样的话“我的项目很有独特性，如果你有兴趣，我们以后可以详谈”，这样不信任投资人，基本没有机会合作了。

（5）对于你项目处在的赛道，就是市场有多大，主要竞争对手的情况，你会占有多大份额，你获得投资后如何拓展更多市场，不断占据领导地位，这是投资人感兴趣的内容，也是你要说服投资人的优势。

（6）如果你的团队有一些比较好的优势，例如上市公司、著名公司操盘过项目，要有真实的数据和业绩，才能说服投资人。

（7）如果项目拥有一些知识产权，而且含金量相当高，比如国际专利，在行业有一定影响力的，可以特别强调。

（8）要强调自己已经投资了多少钱，不能说自己只是有一个想法，根本没投入多少钱，毕竟投资人也不愿意承担太多风险，毕竟你自己都不看好自己的项目。

（9）要学会站在投资者的立场看问题，投资的目的是实现投资收益，绝不是慈善；创业企业股权投资有非常大的风险，一旦投资失败，投资方也将遭受巨大损失。投资者也希望创业企业能够用好其资金，而不是毫无规划。

所以，在与投资人见面前，创投智达还是建议大家掌握一些基本的技巧，做到胸中有数，不要急于说要钱，如果融不到钱，这个项目就失败了之类的话。如果你自己没有这方面的能力，建议找个融资合伙人（FP）来协助你。

◎与投资人交往的 10 条金律

创业者如何与投资人打交道呢？以下是我的一些建议，仅供参考：

（1）什么时候可以去见投资人？我的建议是要提前研究潜在投资者，了解他们在哪个阶段投资、投资偏好。建立合作关系的第一步是留下好印象，其实要做到这一点比开口要钱的技术含量高。

（2）见面之前要想好 3 件事：

一是你为什么做这件事？首先要描绘一幅激动人心的蓝图，比如一个原本在 5~10 年后才能实现的产品或服务，被你从未来拉到现在就能实现了。

二是为什么只有你能干这件事？在蓝图的基础上，抛出你对自己所处行业的独特见解，以及对未来趋势的预判，同时用最近的成绩去证明预判的正确。

三是你怎么实现这个目标，做好这件事？对于公司的未来要给投资人详细的发展计划，包含财务预测的现金流模型，用详细的数据证明你对业务落地细节和资金使用的缜密考虑。

（3）你还要知道投资人具备哪些专业经验。一位通晓医疗保健领域的投资人可能并不适合指导汽车业的初创公司。同样，如果投资人只对直接面向消费者销售的公司感兴趣，而你的产品只面向企业客户，那就是没找对投资人。

（4）如果能把投资人当朋友，双方自然会开诚布公地谈很多事情。有的创业者非要把投资人当“猎物”，我建议找个 FA，在中间起一个缓冲的作用。投资人不笨，你的项目好不好，你们厉害不厉害，聊一次就明白了。

（5）一个投资人不理你了，别太放在心上，也许他不熟悉你的领域，或者不喜欢你的模式，忘了他，继续找。如果 10 个投资人不理你了，就别着急再找，花点时间自省一下。

（6）得学会自省。极个别的投资人能有点耐心，帮你说说短板、问题。基本上，发现问题得靠你自省。学会问问题，投资人表态不清楚的时候，问几个恰当的问题，尝试引导出对方的看法，没准能发现你项目的问题。

（7）投资人手里握着钱，不投出去就是没有业绩，他也着急找好项目投资。如果项目靠谱，他不会犯傻不理你。别找投资案例太少的投资人，这就跟投资人别找经验太少的创业者一样。

（8）如果你能经常得到投资人的引荐，接触到少数可以在创业道路上真正提供帮助的贵人，而且投资人会承诺保持联系，约好今后会面。那样才意味着你与投资人的联系可能延续多年。

请记住，你与投资者接触不只是见面，而是一段长期交往的开始。和其他人际关系一样，假如第一次会面时气氛融洽，双方有化学反应，对方会期望再次见到你。接下来，你与投资人就能慢慢建立有意义、有成效的关系。

（9）这种表达方式可以借鉴一下：我做了一个项目需要融资，所以想找比较懂投资的人学习一下。如果你觉得项目不错，愿意帮着推动，我会很开心；如果你不想，我也能够理解，希望你方便的时候给我介绍一些合适的投资人。

（10）绝大多数投资人都希望创业者真心地向自己请教、沟通，对于这样的创业者，投资人也愿意坦诚地与他们分享。有时候，不在于项目好不好，只要你真诚地去接触投资人，投资人至少会觉得你这个人很好。有些创业者真的是奔着交朋友的目的与投资人打交道，双方熟悉了之后，投资人有时会主动帮创业者做一些事情，介绍投资圈里其他资源。

跟投资人交谈的原则和技巧：

原则主要有诚实守信，不要轻许诺言，没考虑清楚前不要轻易表态。平等互利，要学会换位思考，比如估值和回报，还有就是把握控制权。

可准备多套方案。先讲对自己最好、最有利的方案，看投资方的态度再拿出其他的方案，比如到账时间与计划，只要可以接受是可以同意的。

充分了解对手。除了对方的目标和底线，还要了解其性格、爱好和禁忌。如果是同乡或校友，更容易走心，获得信任。

语言要简练有逻辑，不一定要直奔目标，可以通过提高引导对方，得到自己想到的答案，比如先投一部分钱。

以退为进。当出现僵局时，可以退后一步，抛出一点小利作为补偿，把僵局打破，以小利获得大投资。

◎融资谈判中的 4 个注意事项

创业者好不容易到了跟投资人谈条款的时候，此时却是最危险的时候，因为 70% 的创业者都会犯一些严重的错误，要么影响融资进度，要么拖累创业进度。

1. 把 TS 当作正式的投资协议

TS 是投资条款清单，只代表有投资意向，没有法律约束力。如果尽调不行，是不会投资的。大牌投资机构发放 TS 比较谨慎，只有符合条件的企业才会发放。小的投资机构比较随意，可能稍有意向就会发放 TS，所以拿到 TS 不要高兴得太早。

TS 主要有七大内容：项目方的基本介绍、持股结构、主要业务与技术等；投资的金额及具体安排；通过净资产溢价、未来现金流折现、市盈率法对企业的估值是多少；投资后的股权结构变化及资产重组情况；上市意向和发展规模；优先清算权，主要是清算时能保障投资者的利益；估值调整协议，也就是利润保证的条款。

2. 排他条款

有的投资机构尽调要半个月或几个月，这段时间创业团队不能接触其他的投资机构，最后不投，创业者就浪费了几个月，这几个月可能项目失败了。对于这种排他条款的 TS，创业团队尽量不要接受。

3. 对赌条款

一旦对赌失败，要么赔钱，要么失去大量股权，对初创项目来说这种风险极大，所以尽量不要签订严厉的对赌条款，可做一些柔性指标，有商量的余地，否则会赔得很惨。

创业者跟投资机构签订对赌协议，股权补偿有四种：一是通过公积金转增资本，增发股权来调整投资人的股权比例，不得少于转增前公司注册资本的 25%；二是创始人通过减少公司的注册资本，去回购投资机构的股权，这样也可以调整估值，实际是特定股东定向减资；三是按照双方约定的股权比例进行调整，比如股权转让的调整方式，达到目标可以奖励创始人股权，反之则补偿给投资人；四是之前是债权，可以转为公司股权，增加公司的注册资本，调整投资方的股权比例。

4. 钱不到账，都是假的

投资人因为资金紧张，不履行投资协议，未按时打款，你可以向法院请求因为债务纠纷，投资机构承诺投资但没投资，相当于欠了创业企业的钱，要求进行财产保全。一旦法院支持这个请求，无论官司输赢，投资机构的一大笔资金就被冻结了，投资机构可能跟你庭外和解，给你一部分钱。

值得说明的是，现在投资人认为出资一次性到位有风险，分期到位更稳妥。出资方式有以下几种：

（1）一部分打到账户上，另一部分放到双方“共管账户”里，显示了实力与诚意，但在确认风险之前，企业不能动用共管的钱。

（2）一部分是股权投资，另一部分是债权投资，对企业有信心时，可将债权转为股权，俗称债转股，反之则要求欠债还钱。

（3）按进度付，签订协议时付 30%，资产交割时付 40%，工商变更时再付 30%。

（4）按企业经营指标的完成情况来分期支付，到了一个里程碑就兑付一部分。

第二节　投资人为什么不投你

创业者肯定希望投资人对自己的项目感兴趣并且投资，但更多的是拒绝。如果创业者可以从这些拒绝的理由中反省自己的项目，未尝不是一件好事。以下列举了投资人不投资的理由，可能在你的项目中存在，有则改之，无则加勉。

（1）创业项目应尽量避免受政策影响较大或需政府背书的行业或内容，单单依靠民营资本推动产业是十分困难的。比如一些想改变征信、艺术品防伪认证的需要政府背书，社会教育成本高，极难推广，盈利不稳定。

（2）投资人更倾向投资满足大众刚需的产品。因为专注小众市场的项目一方面市场容量有限；另一方面需要更加专业化的调研、运营与管理，市场教育和推广成本高。有的产品定位小众，市场体量小，实用价值不高，但价格高于市场价格。

（3）顶级的创业者都看得到未来，可能不是完美无误的，但是好过什么都看不到。创业项目一定要有很好的未来，至少是三年能看到的。不一定是独角兽企业，但未来的发展潜力是巨大的，有良好投资回报的。

（4）投资人最不能接受的就是“季度月经常性收益”，把 3 个月的数据加起来并不会让数据看起来有 3 倍那么大，不要玩弄数据，百害而无一利。

（5）不一定是小众，但一定要有爆炸式增长的专营市场，这个市场会迅速扩大并取得绝对领先的市场份额。

（6）如果企业存在过度稀释股权的创始人和持有超额比例分配权的投资者等问题，有可能会让新的风投资本家望而却步。当某一个投资资本开始回报时，这对整个投资组合的收益究竟有多少影响呢？答案取决于这家公司的退出价值，以及公司退出时风投资本家在公司持有的股份。所以，成熟的风投公司总是坚持一定要得到预期的股权。

（7）创始人一直周旋于多个创业公司之间，甚至还把首席执行官的日常工作交付给其他人。

（8）创始人与联合创始人从一开始就理念不合，对于公司未来的发展有不同的打算，这样的项目很难获得投资人的认可。

（9）投资人说起码要有人可以在董事会代表所有的投资者，不然他不会投资。投资人不需要也不在乎控制权，但是在乎信托责任、核对财务和动态平衡。

（10）密集市场和低利润率通常不会有好的出路。投资人认为竞争纯属商业行为，他们要找的企业拥有别人不能模仿的竞争优势。

（11）你不要用 28 页 PPT 向投资人解释所有数据是怎么上传到云端的，重点展示只需要不到 5 分钟的时间，重点也只需要放进 1 页 PPT 内。投资人一般在 5 分钟就会决定是否继续听下去，在第 20 分钟就会作出初步决定。如果你在第 21 分钟还没有介绍完，那就没希望了，把那些不重要的信息都放进附录吧。

（12）千万不要发邮件给投资人时还设置一个密码，还担心自己的创业点子被投资人盗用。

（13）市值表相当混乱，可以提前跟投资人解释原因，可以一起梳理，但是整个结构混乱复杂，这样的公司很难吸引投资人。

（14）CEO 没有进取心，也不热爱销售，很孤傲地要改变世界，但不能脚踏实地地从基础的销售工作做起，一味地追求高大上，对公司销售业务不上心。

（15）偏离轨道的疯狂。创业者确实需要疯狂，但你的疯狂必须恰到好处才能引领公司走向独角兽规模。疯狂的同时请怀有敬畏之心、进取之心。每周更新一次，不是每小时。这样投资人才能相信你会带领团队走向巅峰。

（16）用户定位不清晰，商业角色定位不清晰，仅凭故事吸引大众购买太理想化。很多人都想做老罗、PAPI 酱，因为感觉投入成本很低，简单、易模仿。然而，所有内容文化创业项目的难度都在于可持续性和强内容。如果要做文化产业周边的创业项目，或内容创业，独揽具有持续内容更新能力的强 IP 是王道。

（17）你过于年轻，尚未成熟。这是大多数公司遭到投资者拒绝的主要原因。除非你斩获大奖无数、有背景和亮眼经历，或者你跟投资者是家人、朋友，不然没有人会投资一家还处于构思和起步阶段的公司。很简单，他们不了解你，你也没有自己的公司和产品可供他们了解。想要成功拿到投资，你需要用真真切切的产品来证明自己的能力。

（18）进入门槛太低。既没创新又没专利技术是不行的。有的创业者说你能快速作出市场反应，在天猫每天流水千万元，有些大公司可能会收购你的公司。虽然有时候确实会发生这种好事，但是投资人对这种普通并购不感兴趣，也对如此“有雄心”的创始人不感兴趣。

写了这么多，或者你会说，BAT 之前也不是十全十美的，以上 18 条只是一部分现象，不代表每个投资机构和投资人的观点，只是希望创业者尽量避免这些问题，尤其是初创项目不可能是完美的，还在不断地迭代与优化。

第六章
投资协议中有哪些陷阱

第一节 如何解读投资协议中的重要条款

◎哪些条款要格外注意

投资人说要跟你签订投资协议，但十多页的条条款款让你晕头转向，这些条款会不会让你随着多轮融资而失去控制权，辛苦创业多年最后一场空呢？

下面以投资人和创业者的双重角色，为大家拆解哪些条款是危险的，哪些条款是合理的，哪些条款需要避免。

1. 清算优先权

（1）启动清算，可约定创业者全部同意，或只需投资人全部同意即可。

（2）可约定一个年收盈率，比如年息按 8%~10% 计算。

（3）收益率，天使期可放弃，A 轮融资 120%~150%，B 轮融资 150%~180%。

2. 创始人股份成熟条款

比如给创始人 45% 的股份，但必须做完 4 年才兑现，一般 IPO 之前为截止时间。

3. 锁定条款

不建议创业者接受投资人 100% 的优先购买权，可按股权比例投资或增资。IPO 之前投资人不同意，创始人不能卖股份。

4. 竞业禁止

任职期不能从事与公司有竞争关系的事情，禁止从原单位挖人，禁止范围最好精准、聚焦。知识产权和商业秘密的纠纷启动难度大，可能是刑事责任。

5. 强售权

当达到条件，投资人有权要求创始人必须同意被收购，启动程序可以是 2/3 投资人同意或董事会过半数通过，比如你说 3 年会上市，但没上市，就可以行使这个权利，也可以在公司规模为初投资价格的 5~10 倍时启动。

6. 回购权

除了没上市，还有一些偷税漏税、侵犯他人知识产权、做高风险投资的，可行使回购权。这种可能跟公司签无效，跟创始人签有效，回购利率通常是按年复利计算，建议不要太多。

股份回购权签署时的技巧：投资人行权的时间要约定好，大部分回购权在 A 轮融资 4 年后才要求行使。支付期限越长越好，一般来说 3~4 年比较合适。回购价格可以是年回报率 10% 或初始购买价格的 2 倍。回购权激发由 1/2 或 2/3 以上投资人投票同意后生效，越多投资人同意公司回购对创业者越有利。

7. 对赌条款

千万别约定一个月达到多少业绩、利润多少，达不到就赔钱。可以按创始人承诺的经营业绩预期确定一个对赌条件，而且最好有弹性空间。

8. 否决权

对于公司根本性调整、清算、合并、分立等投资人可以否决，投资人持股比例超 5% 的才有否决权，早期建议少一些这样的权利，给创始人自由，后期可以多一些。禁止公司作出创始人大幅涨工资的决定，这是必要的。

9. 优先投资权

投资一家公司失败了，而这个创始人又创业，投资人有优先投资的权利。再投资，可以适当给投资人一些优惠条件，毕竟投资人一直看好你。

10. 股权代持

公务员、外国人、上市公司高管等不能代持，在 IPO 之前要把这些条款统统解除，以免成为“内伤”。

代持股有股东资格认定、协议效力、股东权利、债务承担等风险。与名义股东签订代持股协议时，要明确隐名股东在一定条件下显名的权利，要求其他股东和公司在协议上签字盖章。签订代持股协议时，明确写明隐名股东有在一定条件下行使部分股东的权利，要求其他股东和公司在协议上签字盖章。签订代持股协议时，明确写明名义股东在一定条件下有退出公司的权利，要求其他股东和公司在协议上签字盖章。

◎关键条款如何解读

一般来说，在跟投资方签订投资协议时，目标公司相对弱势，有些关键条款都不明白其中的真实含义与风险是什么。原则上，所有条款基本是保护投资机构的利益和降低风险，希望目标公司用好钱，公司做大做强。创投智达就来具体解读下这些条款的含义与风险所在。

1. 优先分红条款

含义：就是投资公司要有优先分红的权利，只有当企业利润超过投资人优先分得的股利时，原股东才能获得利润分配，这也激励了原股东努力经营企业，提高经营业绩。

对策：股东之间可以约定不按持股比例分配红利，优先分红条款的设计符合法律的规定。

2. 优先清算条款

含义：就是目标公司万一发生清算或视为清算时，投资者享有优先目标企业其他股东获得投资本金、约定利息和宣布但尚未发放的股息的权利。根据我国《公司法》的规定，公司进行清算时应当按照股东的持股比例分配。该条款与我国《公司法》的规定相冲突，但实践中也有相应的变通。

对策：当投资人的投资回报（往往是投资本金加一定利息）与其在公司清算中实际分配所得的剩余财产存在差额时，目标公司的原股东应当以其在目标公司中分得的清算资产优先支付给投资人，以弥补该差额，从而变通实现优先清算权。

3. 估值调整机制（对赌协议）

含义：简单来说，业绩达不到，要么稀释股权，要么赔钱。

（1）对赌协议的业绩赔偿公式：

T1 年度补偿款金额 = 投资方投资总额 ×（1 – 公司 T1 年度实际净利润 / 公司 T1 年度承诺净利润）

T2 年度补偿款金额 =（投资方投资总额 – 投资方 T1 年度已实际获得的补偿款金额）×[1 – 公司 T2 年度实际净利润 / 公司 T1 年度实际净利润 ×（1+ 公司承诺 T2 年度同比增长率）]

T3 年度补偿款金额 =（投资方投资总额 – 投资方 T1 年度和 T2

年度已实际获得的补偿金额合计数）×[1 －公司 T3 年度实际净利润 / 公司 T2 年度实际净利润 ×（1+ 公司承诺 T3 年度同比增长率）]

（2）股份收购补偿的公式：

大股东支付的股份收购款项 =（投资方认购公司股份的总投资金额 - 投资方已获得的现金补偿）×（1+ 投资天数 /365 × 10%）- 投资方已实际取得的公司分红

备注：R 一般行业通常设定为 10%

对策：对赌条款涉及回购安排的，约定由被投公司承担回购义务的对赌条约应被认定为无效，但约定由被投公司原股东回购义务的对赌条款应认定为有效。

另外，即使约定由原股东进行回购，也应基于公平原则对回购所依据的收益率进行合理约定，否则对赌条约的法律效力亦会受到影响。回购意味着 PE、VC 的投资基本上无风险的。

（3）回购请求权。投资人可以选择与控股股东签署回购条款。

4. 反稀释条款

含义：防止目标公司在下一轮的融资过程中因引入新的投资人而使其持股比例降低或者目标公司给予新一轮投资人的股价低于其投资时的价格而使其股权价格降低。

（1）优先认购权。该权利是防止投资人股权比例被稀释而设计的。在目标公司引入新的投资人时，该轮的投资人有权利在同等条件下按其在目标公司的持股比例认购相应的新增注册资本。

（2）最低价条款。如果目标公司进行新一轮融资时的价格低于该轮融资的价格，则本轮投资方有权要求控股股东无偿向其转让部分目标公司股权，或要求控股股东向本轮投资方支付现金，以弥补其股权价值被稀释的部分。该条款有可能构成企业登陆资本市场的实质障碍。

5. 董事选任、投资者一票否决权条款

含义：这个相对简单，我之前投资天使项目时，也基本担任该公司的董事。要求目标公司在进行某些涉及投资人利益的特殊事项表决时，需获得投资人的投票赞成或书面同意。该条款实际上给予了投资人对公司某些特定事件的一票否决权。

对策：在股份公司治理中，股东尤其是中小股东权利容易受到侵犯，公司经营权掌控在董事会手中，公司的所有权与经营权出现分离。在股份有限公司中，董事会决议机制属公司法强制性规范，董事一票否决权应当是无效的。

◎增资扩股与股权转让的差别

不少创业者在融资过程中，要签订投资协议时，不明白增资扩股与股权转让的差别，这里剖析两者之间的差别。

举个例子：小王和小马两兄弟各投 8 万元开了一家 10 平方米的饭店，各自占股 50%。一年后他们的饭店要扩建到 50 平方米需要 26 万元。于是，兄弟俩筹划后邀请小美以出资 10 万元入股，给她 20% 的股权。现在大家的股权是 40%、40%、20%。这便是增资扩股。

又过了两年，小美想要退出饭店的投资，于是她把自己饭店的股权，在原投资额基础上加价 10% 转卖给了老李。这便是股权转让。

（1）增资扩股的含义与形式。简单来说，增加公司的资本就是增资扩股。一般增资扩股有三种形式：

①原有的股东按原比例增加，比如上面的小王和小马如果各增加 5 万元，也就是各增至 13 万元，总共 26 万元，他们的股份还是 50 ∶ 50。

②引入新股东，原有的股东就是同比例稀释了。比如有家公司的两位创始股东分别持有 70% 和 30% 的股权。如果公司增资 100 万元，出让公司 10% 的股权，那么原股东的股权都要等比例稀释为 100%-10%=90%，也就是 $x \div 90\%=70\%$，$y \div 90\%=30\%$，即融资后两位股东的股权比例就变成了 63% 和 27%，剩余 10% 是新股东的股权。

③未分配利润、法定公积金、任意公积金转增注册资本。公司在分配当年税后利润时，应当提取利润的 10% 列入法定公积金。法定公积金累计额达到公司注册资本的 50% 以上的，可以不再提取。公司从税后利润中提取法定公积金后，经股东会或者股东大会决议，还可以从税后利润中提取任意公积金。

（2）股权转让是当事人以转让股权为目的而达成的关于出让方交付股权并收取价金，受让方支付价金得到股权的意思表示。一般转让有两种形式：

①股东将股权转让给其他现有的股东，即公司内部的股权转让。

②股东将其股权转让给现有股东以外的其他投资者，即公司外部的股权转让。比如小美把股权转让给老李，就是这种方式。

股权转让完成后，目标公司应当注销原股东的出资证明书，并给新加入股东签发出资证明书，修改公司章程和股东名册中有关股东的姓名、住处、出资额等。有限责任公司变更股东的，应当自股东发生变动之日起 30 日内到工商部门办理变更登记。需要强调的是，变更登记的同时应提交新股东的法人资格证明或自然人的身份证明及修改后的公司章程。增资扩股和股权转让的区别，如表 6-1 所示。

表 6-1　增资扩股和股权转让的区别

区别	股权转让	增资扩股
资金的受让方不同	资金由公司股权转让方受领，资金的性质是股权转让对价	资金由公司受领，资金的性质是公司资本金
注册资本变化不同	注册资本不变	注册资本发生变化
决策规则不同	股东内部自由转让 对外转让，需其他股东过半数同意，无须召开股东会	需召开股东会，并经代表2/3以上表决权的股东通过；若股东以书面形式一致表示同意的，可以不召开股东会会议，直接做出决定，并由全体股东在决定文件上签名、盖章
股东优先购买权不同	对外转让，其他股东在同等条件下享有优先购买权	股东承诺放弃新增出资份额，其他股东没有优先认购权
投资人对公司的权利、义务不同	股权受让方取得公司股东地位的同时，承继了原股东在公司的权利与义务，其承担义务是无条件的	增资扩股中的投资人是否承担投资之前的义务，需由双方协议约定。投资人对其加入公司前的义务承担具有选择权
原股东股权计税成本的变化不同	原股东股权计税成本调整。股权转让中原股东让渡其股东权益给股权受让方，取得股权转让。收入扣除股权的计税成本及相关税费确认“财产转让所得”，征收所得税	原股东股权计税成本不变。增资扩股中原股东的股权有可能被稀释，但不调整原股权的计税基础，对股东的投资款不征收企业所得税

具体采取哪些方式，要综合考虑。

第二节　如何避免投资协议中的各种陷阱

◎如何避免对赌协议签订中的各种坑

对赌协议是指收购方（包括投资方）与出让方（包括融资方）在达成并购（或者融资）协议时，对于未来不确定的情况进行一种约定。如果约定的条件出现，投资方可以行使一种权利；如果约定的条件不出现，融资方则行使一种权利。所以，对赌协议实际上就是期权的一种形式。创投智达认为，成熟的项目方如果在融资协议中需要签订对赌协议，一定要注意以下几点：

1. 对赌协议签订前，认清对赌协议

（1）对赌协议签署的动力。对于融资方来说，上市冲动，或者遭遇资金瓶颈都可能成为签署对赌协议的动力。而投资方签署对赌协议则是对自己投资的保护。

（2）对赌协议达成的条件。拥有一批相对成熟的企业经营者、企业经营者有高风险偏好、股价应能够反映企业的价值、对企业未来业绩的预期可以作为判断企业价值的依据。

（3）对赌协议成立的前提。一是企业的股权能够反映企业的整体价值，而这一整体价值的评估则依赖企业未来的业绩；二是企业价值虽然是由品牌、技术、管理等要素构成，但最终将整体反映在企业未来的收益中；三是由于未来无法准确预知，因此企业价值的判断有赖于未来的实际业绩体现。

（4）对赌协议该不该签。要决定对赌协议到底该不该签及如何签，首先要弄清楚对赌协议的本质及其潜在风险。对赌协议的签署一定要回归企业的基本面，从基本面出发，将慎重摆在第一位。

盲目追求更大规模的投资额及更高要价的企业，在缺乏客观判断的前提下，可能并没有意识到对赌协议的真正风险。因为企业与出资方对风险的评估水平不同。

要认真分析企业的条件和需求。企业可以优先选择风险较低的借款方式筹集资金，在不得已的情况下才选择对赌协议的方式融资。

（5）正确认识对赌协议的利弊。

对融资方：

利：签订对赌协议的好处是能够较为简便地获得大额资金，解决资金短缺的问题，达到低成本融资和快速扩张的目的。无须出让企业控股权，只要在协议规定范围内达到对赌条件，其资金利用成本相对较低。

弊：对赌协议很容易导致管理层不惜采取短期行为，使企业潜力过度开发，将企业引向过度追求规模的非理性扩张。对赌协议可能在一定程度上破坏公司的内部治理，使企业重业绩轻治理、重发展轻规范，长期来看对公司的发展同样有害。

一旦经营环境发生变化，原先约定的业绩目标不能达到，企业将不得不通过割让大额股权等方式补偿投资者，其损失将是巨大的。

对投资方：

利：签订对赌协议的好处是控制企业的未来业绩，尽可能地降低投资风险，维护自己的利益。

弊：要支出更多的资金。

（6）对赌协议前的准备。企业在选择对赌融资方式时，通常还需要创造一定的条件。

首先，企业管理层必须非常了解本企业和行业的管理专家，能够对企业的经营状况和发展前景作出较为准确的判断。

其次，管理层是风险的偏好者，勇于开拓。

再次，应考察市场上的股价能否大体反映本企业的整体价值，因为企业签订的对赌协议通常是以未来的盈利能力作为约定标准，以股权转让为目的。

最后，还应考察企业的市场价值是否反映了企业未来的经营业绩，否则双方的预期就没有赖以存在的基础。

2. 签订对赌协议应注意的细节

（1）合理设定对赌的评判标准。要想实现双赢，关键是要设定合理的对赌标准。

对赌协议之所以在我国遭到强烈的谴责， 原因是对赌标准设定得过高，利益明显偏向机构投资者一方。由于国内民营企业正处于发展期，亟须国际投资银行的技术和资金支持，导致对对赌协议的签订往往缺乏理性的分析判断。对于融资方的企业管理层来说，全面分析企业综合实力，设定有把握的对赌标准，是维护自己利益的关键渠道。企业管理层除了准确判断企业自身的发展状况外， 还必须对整个行业的发展态势，如行业情况、竞争者情况、核心竞争力等有良好的把握，这样才能在与机构投资者的谈判中掌握主动权。

（2）对赌双方都要降低预期。

尽管对赌协议不是导致企业败局的元凶，但在绝大多数情况下，对赌协议让输家（特别是融资方）雪上加霜也是不争的事实。因此，重新考量对赌协议的机制、作用并认真分析其中的利弊，对求资若渴的本土企业来说异常重要。

设置对赌协议条款的重要目的是给目标企业（包括企业原管理层）带来“激励效应”，但过分的激励也可能会让企业变得非理性甚至走入歧途。特别是对于风险投资人，他们更加关注短期效益和自身安全撤退，这与企业追求长期持续发展的经营目标天然冲突，一旦二者不能很好地调适和校正，发生变故必将伤筋动骨。

不管是原始股东，还是新进入的风险投资人，在对赌协议中一定要主动调低双方的预期，尽可能地为目标企业留足灵活进退、自主经营的空间才是明智之举。

（3）精心设计和协商协议条款。

对赌协议的核心条款包括两方面的主要内容：一是约定未来某一时间内判断企业经营业绩的标准，目前较多的是盈利水平；二是约定的标准未达到时，管理层补偿投资方损失的方式和额度。

首先要注意推敲对方的风险规避条款。当事人在引入对赌协议时，需要有效地估计企业真实的增长潜力，并充分地了解博弈对手的经营管理能力。在签订对赌协议时，要注意设定合理的业绩增长幅度，最好将对赌协议设为重复博弈结构，降低当事人在博弈中的不确定性。

对于准备签订对赌协议的企业，合理设置对赌筹码，确定恰当的期权行权价格。“对于融资企业来说，设定对赌筹码时，不能只看到赢得筹码获得的丰厚收益，更要考虑输掉筹码是否在自己的风险承受范围之内。”

对赌标的不宜太细。如果对赌标的很详细，最后也很难判断是否合理，而且创业者为了这些条款，牺牲长远利益而保证达到眼前的要求。比如一家公司一年实际收入只有 700 万元、盈利 100 万元，而对赌协议要求年终达到收入 1000 万元、盈利 200 万元，为了保证当年的收入，企业家会做出一些短期行为，影响公司的长远发展。

合同细节也要注意，比如设立“保底条款”。通常情况下，对赌协议会有类似“每相差100万元利润，PE（这里指市盈率，即股权价格）下降一倍”的条款。如果没有保底条款，即使企业经营得不错，PE值（市盈率）也可能降为0。所以，在很多细节上要考虑对赌双方是否公平。

（4）从企业角度而言，要客观估量自己的成长能力，钱并非融得越多越好。

对于创业者而言，在与投资人签订对赌协议时应当注意以下事项：

①从风险防范的角度出发，企业在同私人股权资本的谈判中应掌握主动权，把握好原则和底线，要通过合理的协议安排锁定风险，保证自身对企业最低限度控股的地位。

②创业团队要对影响企业自身发展的内外因素，如商业模式、人力资源、市场发展、竞争对手、资金、客户、原材料等做充分了解和合理分析，制订合理的发展目标。

③配合投资人做好尽职调查。公开透明地向投资人开放信息，使投资人经过认真的尽职调查，在充分了解企业状况而不是仅凭“对赌”机制保护自身利益的情况下，与创业团队共同制订预期目标。

3. 对赌协议签订后，应该如何实现双赢

对赌的两种结果：双赢或双输。

如果企业达到对赌标准，融资方自然是“赢”了，而投资方虽然“输”了一部分股权，但它可以通过企业股价的上涨获得数倍的补偿；如果企业没有达到对赌标准，融资方的企业管理层将不得不通过割让大额股权等方式补偿投资者，其损失不言而喻，而投资方虽然得到了补偿，却可能因为企业每股收益的下降导致损失。

因此，努力实现对赌标准是双方利益的共同之处，也是融资方实现对赌目的的唯一途径。在决定是否采用对赌方式融资时，企业管理层应谨慎考虑各种因素，权衡利弊，避免产生不必要的损失。

（1）努力提高企业的经营管理水平。对赌协议中的有些条款是国际大型投资银行作为投资的附加条件，硬性施加给企业的。有的企业在履行对赌协议时，为了达到协议约定的业绩指标，重业绩轻治理、重发展轻规范，结果导致对赌失败，或者虽然对赌成功，但企业缺乏后劲，影响企业的长远发展。对赌的投资方多为国际财务投资者，他们为企业提供资金，帮助企业上市，然后通过出售股权的方式套现退出企业。因此，更长的路需要企业自己走，即使企业在对赌期间也要加强内部机制的治理，增强企业抵御风险的能力，不断增强核心竞争力。

（2）不断增强企业抵御风险的能力。对赌协议往往是作为机构投资者进行投资的附加条件之一施加给企业的。有的企业在对赌期间，为了达到约定的业绩指标，重业绩轻治理、重发展轻规范，结果导致对赌失败，或者虽然对赌成功，但由于对赌期间竭泽而渔，企业缺乏后劲，元气大伤，影响企业的长远发展。机构投资者的任务主要是提供资金，帮助企业上市，同时签订对赌协议保障自身投资利益。在企业上市后，他们会通过出售股权套现退出。

外资对民营企业只是起到一种助推作用，更长的路需要企业自己走。所以在借力国际资本的同时，企业也要加强内部机制的治理，增强企业抵御风险的能力，避免过度依赖国际资本。

（3）双方灵活协调处理危机。对于那些已经签订对赌协议的企业，在出现不利局面时，申请调整对赌协议，使之更加公平。企业可以要求在对赌协议中加入更多柔性条款，比如财务绩效、赎回补偿、企业行为、股票发行和管理层等方面的指标，让协议更加均衡可控。

对赌是新股东与老股东之间，而不是新股东与融资公司的对抗。签订对赌协议时的四个应对技巧如下：

一是要设定合理的业绩增长幅度，切不可空想，将对赌协议采用重复博弈结构，估算自己真正的发展潜力。

二是全面分析自身的综合实力，结合行业情况、竞争者情况、核心竞争力等因素，设定比较有把握的对赌标准。指标不能只写利润额，要多元化，比如销售额、市场占有率、客户结构、核心竞争力等，还要考虑除外条款。确定恰当的期权、行权价格。

三是设置过高会导致企业经营不善，要说服投资者主动降低自身预期，企业灵活进退、自主经营。

四是对赌协议中出现类似“每差 100 万元利润，PE 下降一倍”的内容，指标要梯度化，比如完成 70%、80%、90%。这是保底条款，所以不能忽略每一个细节，要判断是否公平。

所有对赌协议要在上市前进行技术化处理。如果未实现预期的业绩指标，可让原股东通过关联交易单方面对公司进行补偿，使公司得以完成指标。

◎如何防范投资协议中的陷阱

创业者好不容易与投资机构签订投资协议，除了估值和稀释的股份外，基本很难看懂一些条款的真正意义。下面我就来解读一下投资协议中的一些重要环节：

基本架构中的注意事项：

（1）投资人对上市安排的内容，包括股权激励安排、股份制改制等。事实上，在签署投资协议这个时间节点谈股权激励安排，并不是一个恰当的选择，投资人无非有四个目的：保障资金安全、参与公司治理、获得投资回报和确保退出渠道。

（2）重点关注估值条款、反稀释条款，至于投资人委派董事、知情权和检查权，这些内容都不重要。

（3）应区分投前估值和投后估值，投后估值 = 投前估值 + 本轮投资额。比如投资者口头说：股份 = 投资额 ÷ 投后估值。投后估值 200 万元，拟投资 50 万元，则公司融资后投资者持股 25%；若投前估值 200 万元，拟投资 50 万元，则融资后投资者持股只占 20%。投前估值与投后估值的差别，如表 6-2 所示。

表 6-2　投前估值与投后估值的差别

拟投金额	50 万元	
投前估值	200 万元	融资后投资者持股：50 ÷（200 + 50）= 20%
投后估值	200 万元	融资后投资者持股：50 ÷ 200 = 25%

（4）反稀释条款是为在公司以低于先前融资价发行股份时保护投资者利益而设。如果后续融资的股权价格较低，那么原投资人可启动反稀释条款来保护自己的股权价值不被降低。

完全棘轮：原投资者过去投入的资金所换取的股权全部按新的最低价格重新计算，增加的部分由创始股东无偿或以象征性价格向原投资者转让。

加权平均：将新增出资额的数量作为反稀释时一个重要的考虑因素，既考虑新增出资额的价格，也考虑融资额度。尽可能地争取加权平均解决反稀释问题。通过设定限制条件降低反稀释条款的影响，如设定在 A 轮融资后某个时间段内的低价融资豁免，或者设置一个价格底线，只有后续融资价格低于此时，才触发反稀释条款。尽可能多地列举反稀释的例外事项，在某些情形下，即使公司低价发行，按照商业惯例并不触发反稀释，如实施员工股权激励计划，或并购中发行股份代替现金支付等。

反防稀释条款的五个例外：

一是任何债券、认股权、期权或其他可转换证券在转换和执行时所发行的股份。

二是董事会批准的公司合并、收购或类似的企业事件，用于代替现金支付的股份。

三是按照董事会批准的债权融资、设备租赁或不动产租赁协议，给银行、设备出租方发行的或计划发生的股份。

四是在股份分拆、股份红利或任何其他普通股股份分拆时发行的股份。

五是按董事会批准的计划，给公司员工、董事、顾问发行或计划发行的股份或期权。

（5）对赌条款一般有赌业绩和赌上市，还有赌平台活跃用户数的，对赌的工具一般有股权和货币补偿两种，说白了，要么稀释股权，要么拿钱补偿。

（6）投资者退出有四种常见的方式：成功上市 IPO、清算、股权回购或并购。上市皆大欢喜自不必言。在优先清算权上，即使公司没有优先股安排，投资者一般都会要求参与分配的优先清算权，至于完全参与还是附上限，就看双方博弈了。创业者在谈判时尽可能地删减视为清算事件的情形，也不失为一种有利争取。关联到投资协议谈判的一个重要原则——必须确认模糊概念下的具体内涵。比如反稀释例外事项具体所指、清算事件具体所指、触发回购情形具体所指、重大不利影响具体所指。不把这些模糊概念定义明确，将给予交易对手基于主观判断的不恰当的控制权，从而使自己陷入泥淖。股权回购价款的计算方式，常规为投资者出资款 + 每年按照一定比率计算的回报，同时可以要求扣除每年已获得分配的分红或股息。

（7）争取让领售权基于大多数股东同意，而不仅仅是投资者股东。

争取为触发领售时的并购设置限制条件，譬如公司保底估值、收购保底价格。以自己的股权或其他非上市公司股权作为支付手段，就需要好好斟酌了。

（8）跟售权条款可以附加这样的条款：创始股东出售 3% 以内股权时，并不会触发跟售权条款。

本书不可能把投资协议中的各种细节全部说清楚，最好咨询相应的律师或专家，以便得到更准确的解答，投资协议的每个条款都不是小事，不能掉以轻心。

◎如何争取投资协议条款更有利于创业者

投资协议条款简单的有几页，复杂的有十几页甚至几十页，涉及投资额、股份转让、投融双方权利与义务、优先权、领售权等，但很多创业者对此一脸茫然。下面就主要核心条款进行解读，争取更有利于创业者利益的内容。

1. 规定“尽调经过投资人合理满意才投资”

如果不规定截止期限，过程可能很漫长，创业者耗时耗力，最后拿不到钱，可能还泄露了商业机密。

合理的表述是：尽职调查须在 2 个月内完成，若在此期限内仍未结束调查，且投资人仍未放弃该等条件，则任何一方有权结束本协议。

2. 规定“创始人须先进行工商变更”

工商变更需要 20 天，创始人需要付出高昂的时间成本。别到最后钱没到账，而工商变更了。

正确表述是：投资人款项到位与创始人进行工商变更应同步进行。

3. 投资人要求创始人单独预留员工期权

比如投资协议中说“在本次增资完成后，创始人所持有的20%~25%公司股权系为未来实施员工持股计划预留股权”。

正确表述是：创始人所持有的10%~15%公司股权为未来实施员工持股计划预留股权。

4. 投资人要求清算优先额的倍数

比如要求“投资人有权优先获得一次分配，分配额为价值不低于其投资款等额资产的200%。如果不能获得全部优先清算额的，创始人同意就投资人优先清算额和投资人在清算中所实际获得的分配额的差额对投资人进行补偿”。

这个条款可能让创始人倾家荡产，让创始人以个人财产承担责任。

正确表述是：当清算事件发生时，投资人获得优先清算额以公司可分配的清算财产为限，或者说创始人向投资人补偿时以其清算时实际获得的清算财产为限。

5. 关于回购股权的价格

投资条款中说“投资人要求公司或创始人按15%~20%的年化复利回购股权”。

注意，这个复利很恐怖。

正确表述是：按8%~15%的年化单利回购股权。创始人承担回购责任以其届时持有公司股权按照市场公允价格处置所得为上限。

6. 关于领售权

领售权也就是公司无法经营下去，投资人强制创始人随他一起出卖股份。

条款中说“投资人有权向第三方出售其持有的公司全部或部分股权，并要求原有股东以同等条件共同出售持有的全部或部分股权的权利”。

正确表述是：企业转让出售价格的具体数额，应由创投双方协商，领售权的最终决议，应当经过半数以上的管理层股东同意。

建议：与所有股东都签署领售权协议，其实是必要的。可以超过 2/3 以上 A 类优先股或董事会同意出售。建议设置最低出售价格，比如 2 倍回报、3 倍上限。确定最优支付手段，现金、股票、股份都可以支付。收购方不在有效范围内：竞争对手、本轮 VC 投资过的其他公司、VC 的关联公司。最好在投资后 4~5 年再出售。可以让原始股东有优先购买权，投资公司想出售，如果原始股东不同意，创始人或原始股东有权以同样的价格优先购买。

当然，完全有利于创业者也不现实，创业者要学会专业的融资知识，如果个人没有这样的能力，可以找融资合伙人协助。

第七章
如何鉴别投资机构是否靠谱

第一节　不靠谱投资公司的种种表现

◎你遇到过哪些融资对接套路

早期项目由于自己没多少资金，想扩大、招人或者做市场推广，于是想到融资，大多数创业者没有接触过资本，往往分不清状况，觉得先试了再说。免费的还好，只是浪费时间与精力。如果还交费几千元或几万元，那就不值得了。创投智达在与创业者接触过程中，发现创业者被各种融资对接的套路圈住，有的还被骗不少钱。下面给大家列举一下，以免上当，如表 7-1 所示。

表 7–1　常见的融资陷阱及防范方法

常见的融资陷阱	开出的融资条件非常诱人，骗取创业者的信任
	签订不合理的邀请协议，骗取创业者的实地考察费
	投资协议非常苛刻，违约条款不合理，骗取保证金
	在投资过程中勾结其他机构对创业者实施诈骗
融资陷阱防范方法	彻底调查投资人，注意他们的态度和专业性
	小心谨慎，避免合同诈骗，保护好企业的核心机密
	不慎被骗后及时报警，依法起诉冒牌投资机构

（1）中介网站，有的是 App。这类公司或个人一般以投资人的身份打电话给你或者加你的微信，说看好你的项目，可以帮你对接资

本，甚至可以直接投资你，但是要先上网站展示你的项目，只是收少量的费用，就可以找到全国各地的投资人。这其实只是广告费的变种，也就是把你的项目信息或 BP 展示在他们的网站或 App 上。这种方式不能说没有效果，可当作品牌展示，当搜索你的项目名称的时候，可以找到这样的网页，但实际融到资的可能性极小，因为根本没有投资人会上这样的网站或 App 去看项目。

（2）路演平台。一二线城市都会有一些路演平台，路演平台有的是免费的，有的是收费的，少数比较专业。比如针对某个领域进行专题路演，邀请的也是相应专业对口的投资人，这样的路演平台是不错的。有一些路演平台借投资资源多之名，收取不少的费用，还分几次收取，这就要小心了。

（3）投融培训班。双创大潮下，新三板、IPO、科创板等兴起，各种各样的资本高端班、投融精品班、商学院、独角兽班层出不穷，授课老师的水平也是参差不齐。有的老师称新三板挂牌为上市，有的弄不清创业板和中小板的区别，有的说辅导了多少家企业成功上市，有的假借世界知名资本公司和名校名称，大家可以留意网上的一些报道，或者从经过培训的朋友那里求证。如果连一些基本概念都说错，这样的讲师肯定是不靠谱的。

（4）电视节目。现在有不少电视节目展示投资人与项目方的内容，基本形式就是选秀的过程，无非是创业者上台讲 BP，回答一些问题，投资人在台下互动，提出一些问题，还会有一些小组讨论、电梯演讲、团队游戏、淘汰赛、复活赛等创新环节。总之，这是一个品牌宣传的机会，由于投资环节是一个严谨、复杂的过程，即使投资人举牌说投资你，你也不要天真地认为他很快会打钱给你，因为他的钱也是 LP 给的，他要对 LP 负责，不能乱投资。这样的电视节目，如果费用不多，也是可以尝试参加一下的，毕竟初创项目需要一些品牌宣传渠道。

（5）媒体报道。早期项目可以通过 36 氪、虎嗅网、雷锋网、创业家、i 黑马这些比较权威和有效的媒体来宣传，可以通过网上约稿的形式，寻求他们的报道和采访。至于有些人说可以上 CCTV、凤凰卫视、香港卫视等，可以接受某著名主持人的采访，基本是公关广告的形式，费用少说也要几万元甚至几十万元。作为早期创业者，自己衡量是否需要，不是说不划算，主要看你的项目处于什么阶段。

对于融资对接的各种套路，要擦亮眼睛，选择合适的、靠谱的、性价比高的合作，不要浪费了金钱，还越陷越深。把自己的项目打磨得更加优秀，这才是最重要的。

◎步步坑！教你识别创业融资的各种骗局

现在资本市场不景气，创业融资也非常不容易。很多创业者没有多少钱，但就想坚持、快速地把自己的项目做到一定的程度。比如快速迭代技术或提高用户数达到一定的量级，于是想到找投资机构融资，但是由于他们不了解，往往会陷入各种坑和套路中。

我总结了常见的骗局，供各位创业者参考：

骗局一：项目考察费。

融资骗子会打电话邀请你免费参加投资人见面会，说有很多投资人参加，在没有融到资之前不收一分钱，就算融到资也不要你付钱，他们的钱是由投资方付。你听他这么说，会觉得还是很靠谱的。于是，你参加了他们的活动。进活动现场，免费让你提交 BP，然后等所谓的内部上会、评审。一周之后，电话通知你项目被某机构看好，但是需要派他们的“投融资专家”到实地考察核实你的项目，主要是有飞机票、住宿费、辛苦费，可能在 2 万 ~4 万元。等你把钱汇到了他们的账户上，他们就会派“专家”（包含一名律师）评估考察你的项目。结果考察后说项目目前阶段不适合投资，退出融资流程，其实是为了赚取项目考察费用。

骗局破解：正规投资公司根本不需要项目考察费，他们自己有商务费用。

骗局二：高档消费。

有些融资骗子会和高档消费场所联合行骗，比如会所、酒店、夜总会等，创业者融资心切，往往会心甘买单，以为让投资人开心了就会得到投资。

骗局破解：投资人与创业者喝杯咖啡，吃顿商务餐，100~300 元就够了。投资人也不可能进高档消费场所，大家一定要小心了。

骗局三：商业计划书优化费。

融资骗子一般会说创业者提供的 BP 不符合“国际标准格式”，要优化。如果收费只是几千元还好，如果是以符合国际惯例的中英文版商业计划书收费 15 万 ~20 万元，肯定是骗子。

骗局破解：专门的融资顾问公司专业撰写 BP 收费数千元至 2 万元是正常的，没有国际标准的中英文版 BP。

骗局四：很低的场地费加几万元优化费。

有的路演需要 988 元的场地费，比如让你参加三天两夜的路演，并且承诺在没有融到资之前不要任何费用，融到资之后给他们 3%~5% 的股份，如果你付了钱，就已进入了他们的备选名单。其中，三天中你会不断地被洗脑，说项目需要优化商业模式，需要专家来诊断、研究、重组，需要几万元，如果你交钱了，后面也是没戏。

骗局破解：现在不少投资机构先打电话说几百元就可以来听课，内容有新三板、资本的力量、科创盛宴、高峰论坛，讲的基本是一些不痛不痒的常识。一旦你认为几百元不贵去参加了，三天洗脑后，你就会交几万元了。

骗局五：所谓评估报告费。

融资骗子说看好项目，但为了降低投资风险，他们会找审计师事务所、律师事务所、资产评估事务所等联合进行评估，需要几万元到几十万元。其实这些机构是一伙的，他们只等你的钱一到账，便一起分账了，最终你得到的所谓评估报告毫无用处，事实上也是融资失败。

骗局破解：正规投资机构是由投资经理撰写投资建议书，上交总监或事业部总经理决策，最后由公司投资决策委员会投票表决后，通过正规尽调后签订投资协议，进行付款和工商变更等，根本没有评估报告费一说。

骗局六：保证金。

有的融资骗子要求创业者严格按照自己预先设定的程序操作，否则不往下进行；资金方设置了严格的违约条款。所以，要求创业者先缴纳一定的保证金，有多有少，你一旦交了，结果也是融不到资。

骗局破解：正规投资机构根本没有保证金一说，千万别上当。

骗局七：政策贷款。

融资骗子利用国家金融政策，以提供大额存款、银行保函等帮助企业贷款的方式要求企业提交订金，并签订协议要求：《银行保函》开出并由项目方银行核保后，项目方必须一次性付清所有手续费，并要求一两周内，项目方银行必须放贷，如不能放贷则不负任何责任。最终融资骗子无责任地赚取到手续费。

骗局破解：这种骗术虽然比较少见，但也要引起重视。

骗局八：民间借贷。

利用创业者急于融资的心理，先通过自身包装成立投资机构，然后对企业普遍撒网，以无抵押、快速贷款的方式吸引创业者，待创业企业上钩后，就用高额的利息对创业者放款，并要求企业在较短的时间内还款，不然收取高额逾期费用，最后借贷方赚取利息和逾期还款费用。

骗局破解：这样的机构基本不跟你谈项目本身，只是强调快速贷款，到账快，但创业者忽略了高额的利息，后面可能面临暴力催还的凶险局面，千万要小心！

骗局九：融资代理。

有的融资骗子会说是美国硅谷、以色列等国际知名投资机构或投行的代理机构，并租了高档写字楼，成立空壳公司，实际上自身并没有担保额度和代理资格。在创业者没有仔细调查前，很容易缴纳融资代理服务费用，最后的结果必然是融资失败，虚假投资人很快逃逸，企业面临损失。

骗局破解：一般知名投资机构的官网会有世界各地的办公地址，交钱之前务必调查清楚，而且正规的投资机构也不需要交钱。

骗局十：股权众筹。

有的所谓投资公司会说创新了一种商业模式，就是全国都是你的城市合伙人，以资源整合分各个区域独立运营，资源共享、合作共赢的模式，向社会发出股权众筹，以一元一股，发放一千万股，发放信息出去之后，不到 20 天，就有 500 多万股权被购买，因为投资公司也是全国开误，很多企业家老板都是他们的学员，其实投资公司根本不投钱，是向这些听课的企业家进行众筹。如果你的项目要融资，一是交 18 万元的费用；二是全部由企业家众筹，还要出让股份。

骗局破解：如果机构公司没有实力，整天跟你讲他有全国几百万个企业家资源，墙上挂的是与各国名人的合影，你就要小心了。

天下没有免费的午餐，关键是自己的项目要有竞争力，确实是优质的项目。同时，做好投资方调查，查看投资人专业化程度，切勿随意支付费用，随意与其他同行互通有无，可以找创投智达之类的正规创业辅导机构来运作，前期也会收几千元到 2 万元的融资服务合作费。如果融资成功，佣金也是按行规收取 2%~4%，这是比较靠谱的选择。

第二节　融资中介机构的一些行业潜规则

◎融资 FA 的一些江湖内幕

有种观点：作为融资服务机构，FA 就不应该前置收费，凡前置收费的就是骗子，是没有实力的表现，真正有实力的是后置收费，也就是帮创业者融资成功了才收费。这种观点是否正确呢？我们来分析下。

FA 既代表投资机构，也代表创业者，但中国主要是指代表创业者向投资机构发 BP、联络是否能投资成功。

（1）FA 的佣金收费标准：行规是天使轮是融资金额的 5%，A 轮融资是 3%，B 轮融资以后融资额越大，可能只有 2%，所以 2%~5% 是一个标准，3% 是个中间平均值。

（2）前置收费和后置收费：其实 FA 的工作不仅仅是转发一个 BP 这么简单，还要研究不同投资机构的风格，每个具体投资人负责投资的领域与阶段，他成功投资过哪些项目。如果前面一分钱不收，其中付出的成本是很高的，包括研究、人情、公关等成本。早期项目本身就缺钱，所以让创业者前置交费给 FA 也不太现实。FA 的工作，除了推荐投资机构，前置的工作做深做专业，涵盖了一部分战略咨询，还可以做 BP 的包装完善，做 Pitch book，做竞品对标分析等。即使优化 BP，也包括战略思路梳理、盈利模式、市场拓展、品牌和运营打法、审美设计等工作。

（3）关于 BP 包装工作：通过专业 BP 包装来收费，从几千元到几万元都有，视溢价能力和专业度。专业的 FA 要求曾经做过投资，比如创投智达创始人就做过 5 年投资，他认为 BP 不仅是美观，更需要懂得战略和资本市场的语言，要求主导做这份 BP 的人对项目领域有一定的眼光。很多创业者从网上下载了一个 BP 模板，以为把文字套入模板就可以了，其实这里没有真正的投资思路，表面要点齐全，投资逻辑相差千里。专业的公司一般会根据投资公司的专业建议进行修正，尤其是对公司战略的表达方式起到了决定性的作用。

BP 中体现的是与资本市场的沟通语言，体现的是战略架构、图文表达方式，给投资机构的第一印象是非常讲究；一个大量文字铺设的 BP 和清晰明了的商业模式，有理有据的表达，给人的感受肯定是不一样的；BP 的专业包装也是体现一个项目成熟度，起码是一个 CEO 思考成熟度的反映。有支付能力的项目，建议请一个专业 FA 机构做好 BP 包装，体现公司的品质。

（4）有些 FA 前置收费还有一种模式，做融资顾问收取月费。比如 3~6 个月，每个月收 6000 元，共收 1.8 万 ~3.6 万元。无论融资成功还是不成功，FA 就是帮创业者找几家知名的投资机构对接。很多创业者为了融资，在资本寒冬之际跑路演、上电视节目、听各种培训课，其实时间成本和机会成本很高，可能也会花费十几万元到几十万元，可以找 FA 做融资顾问，用几万元减少沟通成本，还是相当划算的。

（5）大部分早期项目 FA 不会牵涉尽调的流程。但他们必须了解投资机构的路数、风格偏好、投资决策路径，这样才能成功地把产品（包装好的项目成品）卖出去。对 FA 来说，是看当下这个阶段，保证交割成功是 FA 唯一的宗旨，这就是由销售位置的属性来决定的。对有些投资机构来说，他有投资上的压力，和 LP 约定必须在多长时间把钱投完，所以会变成满世界找项目，对 FA 的关系也维持得相对紧密，依赖性更大。但是资本寒冬到来，投资机构就缺钱了，但真正好的投资机构是不缺钱的。

（6）FA 在垂直细分领域出现更多的专业，比如专门负责体育、教育、大健康、人工智能的，有的 FA 会整合上市公司资源和产业基金、并购基金，FA 专业的核心能力是做错配，就是把第一流的项目卖给第一流的基金。第二流、第三流的项目，可以卖给第二流、第三流的基金。前提是能做完研究，对这个项目在市场上的地位有准确的判断，对偏好的基金有准确判断，能推动项目融资的进展并且精准匹配成功，这是 FA 的最大意义。FA 需要不同行业、不同项目中的共通性思维，也就是一种通识、跨界能力。

（7）专业的 FA 要比 VC 更 VC，比咨询更咨询，比投行更投行。你要比做咨询和投行更具备早期项目的商业敏锐度，同样具备和 VC 一样锐利的眼光和黑马的精神，具备狙击手的打法和整合的能力。大的投资机构，确实要找总监、事业部总经理或合伙人；但小的投资机构，投资经理的权限也比较大，先和投资经理沟通，之后负责人会马上来沟通。如果推到投资机构负责人那里被否决也不要灰心，有时候通过投资经理可以重新沟通。

（8）如果项目方拿到 TS（投资框架协议），FA 会帮助项目方一起审核 TS。TS 中有一个敏感期，即在法律意义上是指在拿到 TS 的一定期限，一般是 30 天，不能够再接触其他投资机构。如果顺利，真的有意向投你的机构，拿到 TS 两周内肯定会主动找你，签署正式的股权投资协议，再到打款。投资协议中的主要条款，会规定投资金额、占股比例、董事席位、回购比例，甚至有一些对赌条款、高管人员聘用规则，然后还有一票否决权等，所有条款都是为了把钱投进去最大限度地规避投资项目以后的风险。打款也有讲究，由哪个主体打款，对公司后续上市规划不能有影响。FA 的收费一般是钱打到项目方后

3~5 个工作日就要回款。

总之，融资靠个人去找是比较困难的，但找 FA 又前置收费，本来很多创业者的资金就紧张，又怕交了几万元没有效果，所以还是找合适的人了解后再做决定吧。

◎财务顾问 FA 的一些行业潜规则

严格来说，创投智达不是一家 FA 机构，因为早期项目 FA 存在几大乱象：一是纯粹做信息对接的中间人，提供投资人的信息，但不是精准匹配；二是一味地说项目好，缺乏商业模式优化、股权设置、法务和财务指导等专业服务；三是为项目进行过度包装，对双方都不负责。

很多 FA 的潜规则需要大家了解，以便更好地认识这个行业，促进创业创新行业健康、稳健地发展。

（1）早期项目 FA 一般想着为创始人争取最大利益，而且投资人利益也相当重要，真正的 FA 要让双方利益达成一致，做到真正匹配，要在沟通的过程中缩短双方认知上的差距，将他们拉向可交易的平衡点。

（2）FA 需要帮助创业者梳理项目，将他们口中一堆零散的信息点，加工成一个用投资人的逻辑和话语体系可理解的“投资逻辑”。通俗一点说，就是一个完美的故事，从开头到结尾没有太大的破绽。

（3）不同阶段，FA 挖掘项目的优点是不同的。比如早期项目要让投资人看到可能性，也告知其潜在风险，让他自己判断。如果是偏成长期项目，我会从运营数据中帮创始人找亮点，比如用户增长、留存、增速等，放大数据中已经表现出来的优势。

（4）现在往产业深度走正在成为精品 FA 的一个相当明显的趋势。

之前是什么行业都接业务，现在可能往一个具体的领域走深走透，比如教育、人工智能、医疗、文旅等。这就需要 FA 能在行业认知、战略选择和资源整合等方面服务企业，比如可以整合某个领域的上市公司资源等。

（5）FA 确实会返点给投资人（包括投资经理、总监和合伙人），有现金或股份形式，一般由 FA 支付，其中也有差价存在，可以从刚开始就谈好比例。至于“股份”，一般都是由“中介”代持，FA 也会和创业公司事先谈妥。投资人能够接受“返点”，其实也是基于项目本身的质量，他们不会为了拿回扣而无底线地推荐项目。

（6）有些 FA 在帮助创业团队融资时，会要求一部分的持股比例，比如 1%~5%，因为后续会不断地帮助他们嫁接各种市场资源，也是对该创业公司经营模式的一种检验方式。

（7）FA 的收入基本上是“基本工资 + 项目佣金 + 奖金”，其中的大头就是项目佣金。在早期项目中，FA 机构的佣金通常是融资金额的 3%~5%，后期的项目融资金额大，但佣金比例会适当调低。

（8）资本市场钱多时，创业者都想要有产业资源背景的资金、BAT 投资或者有名的机构，现在没钱了，只要融到钱就行，不再挑机构。

（9）有些创业者不懂得包装自己，FA 就要通过包装把创业者最大的亮点展示给投资人。有些创始人的经历、背景很不错，但不知道怎么描述。如果有 BAT 或海归背景，投资人比较容易了解，但大多数是普通的创业者，对于之前的创业经历就要放大或突出，这也是 FA 的价值所在。

（10）FA 要为创业者测算市场，有的创业者把所有市场都算作自己的，其实只是市场的赛道前景。如果你是一个细分市场，就只能算垂直市场的容量。

（11）不少创业者受媒体报道影响，动不动就把估值拉高到数千万到亿级，FA 一般会拿同行的不同时间窗口的估值来做对比，看创业者是否有超过同行的绝对亮点；让创业者拿出实实在在的数据也是一种理性估值的方法；如果创业者实在不想降低估值，就先把数据做上去，暂停融资。

（12）投资人对于成熟项目一般要求签订对赌协议，比如投资人让创业者承担回购和清算，一般都要拿公司的资产去回购。如果创业失败了，创始人也没钱回购，FA 这时候会站在创业者的角度劝说投资人。

（13）FA 介绍很多家投资机构，可能不一定能拿到投资意向书（TS）。其实创投智达不是靠数量取胜，不会海量发 BP，只会精准对接 3~5 家知名的投资机构。

（14）微链、36 氪、以太是大规范复制模式，强调规模化服务与流转速度。华兴、泰合、光源是精选独家服务模式，服务更深入、具体。乐客独角兽、娱乐资本论、猎云网是媒体属性，提供各种宣传。清科注重排名体系的权威性，从评论员到裁判员、数据榜单。经营圈子是要财富和资源作为能量交换物的。

事实上，专业的 FA 机构要求还是相当高的，需要有金融相关行业经验、广泛的投资机构资源、灵活的谈判能力。创投智投定位为创业者的融资合伙人，前期可以免费为创业者提供各类专业服务，后续当然需要进行收费，这是专业价值的体现，同时也是对投资人、创业者负责，希望大家更加了解这个行业。

第三节　如何调查投资公司，有哪些方法与渠道

◎鉴别投资公司骗术的技巧

很多创业者在融资过程中会遇到各种假投资公司。一般来说，知名的投资公司在清科、投中的网站上都有，但是还会有一些所谓的投资公司以各种名义来骗创业者。创投智达融资合伙人服务列举一些鉴别投资公司骗术的技巧，供创业者参考：

（1）名字是国际大牌、国内知名投资公司的综合体，常常把一些名字融合在一起，让创业者以为与知名公司有关系，比如摩根 × 通、北 × 红杉、深创 × 投、高盛 × × 、鼎晖 × 星等。这些公司基本是以培训、讲座等为主，创始人之前做营销、网络等，仔细上网搜索就会发现一些破绽，比如知乎里就有一些中肯的回答。

（2）以国际投资公司驻华办事处的名义，满嘴说英文，让你觉得高大上，还说商业计划书需要做成英文版本的，其实是找一个让你出钱的理由，在中国的项目何必用英文版本。现在太多外国创业项目来中国参加路演大赛，想到中国融资。如果是美元基金，一般不可能找国内的小型项目，因为人家早就盯上大项目了，没你的机会。

（3）如果是投资经理的基础知识相当薄弱，只知道说“我们公司决策很简单，一旦确认你的项目要投资，7~10 天就打款，而且我们老板有钱，放心！”你要小心，这样的投资经理根本不懂投资。一是

投资公司的钱也是要向 LP 募资的；二是投资从尽调到上会决策再到打款，往往要经历 3~6 个月甚至更长的时间，说几天就能打款，这本身就不专业，无非是想让你相信他，好给他其他变形的费用罢了。

（4）喜欢找融资“小白”的项目。一般来说，有的创业者之前跟知名投资公司打交道，心中对融资有一些了解，但有些投资公司首先会问你之前有没有融资经历，如果有，他就不好骗你了。他们喜欢没有接触资本的“干净”项目，因为他说什么你都会信，这样就可以编出各种名目来收费，比如项目考察费、尽调费、评估费、律师费、诚意保证金等，而正规的投资公司是不需要这些费用的。

（5）骗子投资公司一般喜欢找外地的项目，因为外地的资源少，而且不好上门证实，还可以收取所谓的考察费等。所以，要找一个融资合伙人，兼职的也可以，他必须做过投资，经验丰富，可以为你化解很多融资过程中的疑惑，让你少走弯路。

以上仅仅是列举了我在实际工作中遇到的案例，分享给创业者。

◎三四线城市创业者融资如何避免上当

（1）比如有杭州的某创投平台给创业者打电话，会说你的项目不错，并有投资人有投资意向，需要付钱后再对接，而签署的协议中，只提到项目平台展示、赠送对接服务。这其实是把你的项目在他的网站上发布信息而已，根本没有投资人有意向。

（2）有北京、深圳、上海或其他大城市的人打电话给你，邀请你参加大型的全国线下路演活动，也有的叫资本×宴、大资本、大智慧、创投×峰会，一般两三天食宿要你出钱，然后就是各种收费。其实，就是做会议培训的公司骗钱的，有的公司取名×红杉、摩根×通常有与知名大学、投资机构相似的名字，让你误以为是知名机构承办的，其实跟创投智达的专家打听后就一清二楚了。

（3）× × 机构打电话说你的项目不错，免费提供技术服务入股，但需要支付服务器费用，一般收几万元到几十万元。这种套路现在越来越少了，因为阿里云、华为云的服务已经比较普遍了，但还是要引起注意。

（4）× × 机构说你的项目不错，公司想投资，但公司为了规避风险和更加快捷，需要聘请外面的第三方机构进行尽调，创业者要支付一定的尽调费用。我也做过天使投资，投资项目之前是投资公司花钱请第三方尽调，不可能让创业者支付这笔费用，这就是变相骗钱。

（5）有一些拿着印有投资经理名片的人主动找你，说有不少投资机构来参加他们的路演活动，由于名额有限，创业者可以先交费获得路演资格，优先获得投资机会，费用从几千元到一万多元。其实路演现场根本没有知名投资机构，只是一些债权、证券、小额贷款等机构，无非是想骗取创业者的“路演费”。

（6）让你的项目上电视节目。一般分初赛和复赛，让你交费几万元甚至更多，其实只是一个间接的广告宣传，所谓的投资人也是一些作秀的，他们也不可能投资你的项目。我之前说过投资是有严格的投资流程的，不可能在短时间内决定是否投资你的项目，这是不负责任的表现，投资公司的钱也是 LP 的，不是天上掉下来的。

（7）有的投资人，说是能让你的项目通过投委会的决议，快速给你签订协议打钱，但让你赠送不要钱的干股或者直接送他现金，一般正规的大机构不可能这样。

上面说的是在投资前期的阶段，也就是说，根本融不到钱。但好不容易进入投资环节，还是会有陷阱等着创业者，同样要小心，否则即使拿到钱，也是步步惊心，因为这样的机构就是明摆着想坑你。

（1）签订投资合同时会找各种问题，然后拿出另一份合同让你签署，看起来只是一些字词的变动，意思也大体相同，但是有文字陷阱，有可能会把你辛苦创立的公司白白送给他。

（2）跟你签订了合同，但他们没有契约精神，根本没在规定的时间内打款，但合同条款中签订了排他性协定，你还不能在规定的时间内寻找其他机构来投资，否则就是违约，要赔钱，这也是陷阱。

（3）有的投资人说资源很多，想投资你的项目，很有可能是通过资源把投资的资金变相洗出去，你就会陷入洗钱的陷阱，这是很高明的骗术。

（4）有投资机构动不动说可以投资，但要有严苛的对赌协议。早期种子项目很少签订对赌协议，一般到成熟的 VC 阶段才会有对赌协议。我投了一些早期项目，也是没有签订对赌协议的。

以上融资路上的坑，也是创投智达在给创业者服务交流过程中总结出来的。我想强调一个基本的逻辑，融资要找到靠谱的服务机构不容易，可以通过朋友的口碑或查询其他网站来综合做比对，不要轻易给对方付钱。

◎创业者如何调查投资方

我们之前在“创业融资实战群”里经常听到急于融资被骗钱的事，少则几千上万元，多的有上百万元。投资机构在投资前往往对项目做详细的财务、法务、业务调查，其实创业者在融资过程中也可以对投资方进行调查。创投智达总结出的具体方法有：

（1）通过工商网站、国家征信网、企查查、天眼查、启信宝等平台，查看该公司是不是投资公司。有的培训机构打着投资公司的名义骗钱，可以查看其以往的投资成功案例。一般投资公司会成为项目方的股东，至少会担任其董事，如果任何记录都没有，就不是正规的投资公司。可以通过公开渠道查，比如投资 5 亿元以上要在发改委备案，投资机构排名以清科为准，是不是行业协会的会长、理事单位不代表实力，还可以通过线下的投资圈聚会，通过其他朋友了解。

（2）根据专业程度了解投资人。一般专业投资公司的投资人只看专注的领域，比如互联网项目，找到一个专投医药类的投资人，他肯定不了解互联网项目。如果一个投资人什么都看，什么都能泛泛而谈，但详细了解又说不出实质内容，基本是不靠谱的。

（3）可以进行背景调查。比如是第几期基金、规模有多大、投到什么阶段、投了哪些项目、投在哪些阶段、网络能否查到对外投资。还可以进行价值调查：看合伙人的数量，如果一个合伙人要管理几十家企业，投后管理比较难。让投资公司提供被投企业创始人名单，跟他们求证。

（4）问卷式调查，可以向获得投资的创业者了解：是否会拖延资金到账时间？是否对被投公司有帮助？是否要求有控股权？投后不能与被投企业共同成长，控制欲太强的机构不要合作。对于已经获得投资的创业者，可以通过提问来了解投资人。比如合作多长时间了？你们在董事会讨论的内容对公司发展有帮助吗？投资人是什么样的风格？投资人做了哪些对你们有帮助的事？你们被邀请参加投资人的活动吗？

（5）提前支付额外费用的要小心。一般正规投资公司不需要创业者支付项目考察费、商业计划书撰写费、融资担保费、项目评估费、挂牌费用、律师费等，如果以各种名义提前收费，基本是不靠谱的机构。创投智达提前收取一定的融资服务费，这是正规的市场行为，毕竟提供投融资对接服务是需要付出成本的。

（6）签订合同时最好请律师审查。不靠谱的投资机构与创业者签订不对等的协议，包括对赌协议、虚假合同，要请的律师肯定不是投资方一伙的，这样才能保障合同的公正性。

（7）通过专业机构找正规的投资机构。一般来说，清科、投中排名前 30 的机构基本是靠谱的，深创投、达晨、红杉、IDG、松禾、软银、东方富海、创东方等机构肯定是靠谱的。市面上很多不知名的机构，打着投资的旗号，行的却是培训、听课、发证、考察、游学之实。早期项目要获得这些知名机构青睐的可能性比较小，那就需要请专业机构来服务。

（8）根据投资人的接洽态度来判断。一般来说，没有详细了解项目，开始接触就相当热情，没有深入尽调就表达出一定会投资的意向，基本是不靠谱的。因为正规的投资机构是有规范流程的：投资经理筛选项目、约谈创始人 — 写投资建议书 — 提交投资总监上内部会议 — 撰写投资报告提交投资决策委员会 — 详细尽调 — 签约投资协议 — 投后管理。

创投智达需要特别提醒的是，创业者在融资过程中，对于正规的投资机构并且有投资意向的，把自己的核心商业机密告诉对方是必需的，但是对于那些不怀好意、以投资名义来骗取核心技术的就要小心了。他们除了骗钱外，还骗取核心商业模式、盈利模式与推广模式。

第八章
如何设置合伙人股权分配与股权激励

第一节　初创企业的股权如何设置

◎初创项目如何设计股权结构

一个项目要健康、长足地发展，必须进行合理的、科学的股权结构设计，其中一些要点需要注意：

（1）分清各种类型股东的优劣势，进行合理的设置，主要有以下五类：

①全面型股东：人品、战略眼光、感召力等综合能力全面的，可以作为创始人股东。他必须牢牢抓住公司的控制权，公司成立要保证创始人的持股比例和表决权比例为 67% 或设计持股比例少一些，但表决权比例在 67% 以上。

②只出钱的股东：在项目不任职、不参与经营，纯财务投资人，可以挂名做联合创始人。

③技术型股东：尤其是科技型公司很重要，可以作为联合创始人担任重要岗位。

④有管理或营销类能力的股东：可担任公司高管，分一定的股权，但一定在工商登记上显示，可以在有限合伙平台上呈现。

⑤有资源的股东：比如一些专家、大咖，可以有一些代持的股份。

（2）在工商注册时，尽量不要让股东过多，核心高管等可以把股份装入有限合伙平台，以免投资机构进来时变更麻烦。对于技术型股东可以优先分配，对于只出钱的股东，年终要给予满意的分红。

（3）建议股权激励时用好分红权，少用期权，因为创业团队不稳定。对于资源型股东、管理团队和员工兑现时采用递延支付的方式，一是减轻公司的财务压力；二是团结更多的优秀团队。

（4）在公司不同的融资阶段，有新的投资人进来，创始股东设置关键人条款，持股比例下降的情况下，表决权不稀释。要设计所有的创始股东同比例释放股权，否则创始人就慢慢失去对公司的实际控制权。创始人股权分配的基本计算法，如表 8-1 所示。

表 8-1　创始人股权分配的基本计算法

分配对象	分配比例
召集人	有强大号召力的人和牵头者，增加 5% 股权
创意点子实现	成功就增加 5% 股权
第一个实施者	多分配 5%~25% 股权
CEO 或总经理	日常管理，增加 5% 股权
全职创业	比其他兼职的要增加 200% 股权
获得风投成功者	可增加 50%~500% 股权

当然，以上比例是针对创始人有 100% 的股权来计算的。

（5）一定要预留一些股权，为空降兵或后续融资做准备。刚开始就要把股权分配与所做贡献的权益分配做好，包括股权退出的时间、价格和方式。要提前做好回购、未来赎回的价格和方式。要注意隐名出资代持的风险。

◎创业伙伴各种投入如何折算成股份

初创企业的小伙伴背景与专业不同，有的出场地，有的出时间，有的出资源，那么怎么折算成投入算到股份里呢？相信很多创业的小伙伴都遇到过。下面就来一一讲解。

除了现金和实际资产（比如电脑、办公桌、汽车等，可折价计算）当作现金投入外，其他的一些投入也是可以量化计算的。很多创业者不好量化这些投入如何计算成股份，有时候拍脑袋或者觉得不好意思，表 8-2 可以给大家一些量化的参考标准，这样实施起来很简便。

表 8–2　常见的贡献点和贡献值小结

贡献点	贡献值计算标准
合伙人投入现金	现金金额
非执行合伙人投入现金	现金金额
全职合伙人未领取的工资	合伙人工资水平减去实际领取的工资
合伙人投入的物资与设备	购买或租用参照市价
人脉关系	人脉落实到贡献点上才能计算，只核算创造价值的
商标权	没有知名度的，按注册成本计算。有一定知名度的，参考以前的投入及闲置的时间，团队协商评估，也可以按照销量计算“商标使用费”
著作权	建议以“版税”的方式计算贡献值
专利技术和非专利技术	能够脱离发明人的技术：评估专利未来给公司带来的价值。脱离不了发明人的技术：不计量，可以提现到该合伙人的工资中
创意和点子	零
办公场所	市场租金水平

续表

贡献点	贡献值计算标准
兼职的合伙人	参考其提供服务的市场价格
个人的资产为公司担保	担保费用的市场价格
奖励性贡献值	利用可以现金互换的原则制定

（1）创业 IDEA。比如一个项目的原始思想，包括比较成熟的商业计划和运营机制，这位小伙伴为了验证商业模式能走通，做了大量的市场调研与头脑风暴工作，也请教了一些行业大咖，甚至有了初步的技术方案和样品。如果按这段时间这位小伙伴投入的工资折算，也可以算成一笔现金投入，假设他在一个月内想出来的，按照他的工资水平，可以计算成 3 万 ~5 万元。

（2）具有自主知识产权的产品。有发明专利、外观专利、实用新型专利三种，如果只是授权使用，这个转让费折算就低一些，如果直接转入初创企业名下，这个折算现金就高一些，可以达到 10 万元以上（根据市场价值来定）。还有一些开发的网站、App、SNS 账号等，也可以通过市场价格来折算成现金。

（3）工作投入。如果小伙伴的市场工资是 3 万元，他只拿了 3000 元工资，就相当于每月向初创企业投入了 27000 元，还可以根据加班时间做更加精细的计算。兼职创始人按兼职的工资标准计算。

（4）办公场地。可以按初创企业实际使用的场地市场价格来计算，按实际使用的面积直接折算。如果有多余的场地，也不能算价格，因为初创企业只需要这样的面积，合伙人小伙伴只能当作贡献了多余的面积。实物等同资产，但必须是核心资产，专门为企业经营发展而买的新实物，折旧的可参考旧货市场的价格估算。

（5）个人资源。比如小伙伴可以对接一些战略合作公司、专家教授、媒体资源、投资资源等，如果带来了实际的营销业绩，就可以按照市场提成的标准给予计算投入成本。

总之，创始人提供的任何资源，只要是创业企业非常需要，但公司付不起钱，或者不能全额付钱的，应该付但没有付的部分。这些贡献的价值，就是对公司的投资。

◎创业公司股权结构设计的 9 个数值

一说到股权结构设计，我们往往觉得无从下手，以为是律师事务所或会计师事务所才能做的。最优的合伙股权结构如何设计？

下面给大家讲几个实用的数值，仅供创业者参考：

（1）创始人：占公司 30% 以上股权较合适。

大陆 A 股上市规则规定，如果公司有一个人直接或者间接地持有 30% 以上的股权，可以认定公司有实际控制人。最大创始人持股比例大于其他联合创始人之和，可以避免出现两个创始人股权比例太接近，对一件事情有不同意见时产生争议。海外很多时候实际控制人不需要持股 30% 以上，其持股比例可能只有百分之十几甚至百分之几，但依然能够控制公司，因为其可以对股票设置不同类别。比如 A 类股票持有者 1 人可以投 20 票，B 类股票持有者 1 人只能投 1 票，这样实际控制人在表决的时候就有更大的话语权。

（2）联合创始人和员工一起：持股 30% 以上。

这样的持股比例既能使联合创始人个人持股保持与创始人的较大差距，也能让创始团队总体持股超过 60%，以保障对公司控制的主动权。

（3）投资人股权预留的股权占比为 30%~40%（包括多轮的融资额度）。

除去创始人、联合创始人和核心员工持有的股权，剩下的为预留给投资人的股权，当然包括多轮的融资额度，比如每次稀释 10% 的股份。

（4）创始团队：控制公司 50% 以上的股权比较合适。

此时，关于公司经营的所有事项创始团队都可以直接进行决策。比如公司优先发展什么、计划做什么，如果创始人带领员工持有 50% 以上的股权，就能对这些经营事项进行决策。

（5）创始团队可以争取控制公司 66.7% 以上的股权。

此时，创始团队能够控制公司所有资本类型事项。比如引进新股东，增资减资，股权转让，公司合并、分立，章程修订等跟资本运作相关的重大事项，都需要 2/3 以上股东投票通过。假如创始人持股 30% 以上，联合创始人和员工持股 30% 以上，加起来能达到 66.7% 就非常安全，即使投资人有其他意见，只要公司的人齐心协力，仍然可以按自己的方向发展。

（6）互联网公司：一般预留 10%~15% 的期权池。

这是 60% 互联网创业公司的选择，特别是对于那些已经发展到一定阶段，但还没有成熟，大概是融资到 A 轮和 C 轮之间的公司。

（7）天使轮投资人持股最好不超过 20%。

比较典型的天使投资机构，常见的投资比例是 15%~20%。这样的比例保证了天使投资人在以后公司不断融资的过程中，持股比例不会降得太快，即使再融资几轮，持股比例稀释到 10% 或者 5% 都非常难，如果公司成长起来，获得利益依然比较多。第一次融资不要出让过多的股权。

（8）员工持股：一般不超过 25%。

很多技术驱动或创意驱动的公司，往往高度依赖人才，这类公司为了招纳更有竞争力的员工，为员工预留的期权池一般超过 15%。但员工持股比例不能过高，因为在员工持股比例增加的同时，创始人持有的股份就会变少。

（9）战略专家型顾问：一般不超过5%。

有的初创企业，为了加强企业的品牌背书，比如请BAT知名行业人士作为顾问，这部分的股权不能超过5%。

当然，每家初创企业都有自己的特点和特殊情况，也不一定完全按这个标准来执行。这些数值只是参考值，具有一定的合理性，不要超出这样的标准值。

◎股权设置落地的几点注意事项

创业者要设计好股权架构，但实操起来比较困难。那么设计股权架构如何落地呢？有哪些原则呢？

1. 好的股权结构标准

（1）简单明晰。在创始阶段，创业公司一般合伙人不多，比较合理的架构是3个人。有人会问："投资人在投资的时候会看你的创业团队，合伙人是不是一定要有完整的组合？""不一定。"投资人在投资的时候，首先关注的是你的产品和CEO的理念，你有没有CTO、COO不重要。所以，不能为了追求创始合伙人的人数而刻意增加人员。

（2）一定要有带头人，也就是核心股东。一定要有一个人能够拍板。

（3）资源互补，股东之间要信任。

2. 股权结构到底如何设置

创业团队在早期首先想到的是，你多少我多少，你30%我70%，或者是我60%你40%，其实这是不对的。在设计股权架构时，我们得先把别人的切掉，也就是预留一部分股权，最后的才是自己的。

（1）预留股权激励。如果你在招人的时候没有跟人家讲给多少股权或者股权激励，一般他是不会轻易来的。

（2）为吸收新的合伙人预留。不能为了刻意追求合伙人的结构硬拉一个人来做 CTO。如果项目已经开始，但还差一个 CTO 或者 CFO，这种情况下一定要预留股权，用来吸引新的合伙人。有一种做法是放在带头人的名下，但我不建议这样做。因为未来融资时股权是要被稀释的。一般来说，预留的部分可以放在股权激励池里，新人进来之后再分配给他。

（3）融资预估。创业项目最终 IPO 的时候，CEO 有 10% 的股权就不错了。在融资的时候一定要适当预估，这样大家就不会想我辛辛苦苦创办的企业，到最后股权怎么这么少？

3. 股权如何分配

（1）看出资：创业初期，做任何事情都必须有钱，有钱好办事。如果空对空，事情很难办，所以启动资金非常珍贵。在这种情况下，出资显得非常重要，做一个项目需要 500 万元，我出 200 万元你出 100 万元，我们的贡献是不一样的。假设我们的资源差不多，我出 200 万元，可能占 40% 的股权，同时可能担任其他的角色。

（2）带头人要有比较多的股权。能够分配给合伙人的股权，除了其他合伙人，剩下的就是带头人 CEO，他要有比较多的股权。

（3）看合伙人的优势。创业过程中，无非就是资源：资金、专利、创意、技术、运营、个人品牌。一定要充分评估在创业的不同阶段——初创、发展、成熟出现的变化。在创业的不同阶段，不同人的贡献是有变化的，需要综合考量，不能觉得这个人做运营挺不错，就把 15% 的股权给他。等到项目的运行过程中发现他的能力一般，想把其到手的股权再重新分配非常难。

在创业初期，不建议把股权分足，应该给股权调整预留空间。比如 COO 本来应该拿 15%、CTO 是 20%，可以把每个人的股比都先降 5%，放在股权池里。合伙人之间进行约定，预留一定比例股权，以后根据项目开展的不同阶段、每个人的不同贡献再进行股权的调整。

个人品牌对有些项目的加分是很大的。

（4）要有明显的股权架构的梯次。带头人要拿比较多的股权，比如按 6∶3∶1 或 7∶2∶1，这样明显的股权梯次，才能形成贡献度的考量，以及掌握控制权、话语权。

◎技术入股实操方法

很多创业者缺钱想找技术人员开发，但又不想出钱，出股份也不知道给多少、何时兑现，表 8-3 可以供你参考。

表 8–3　常见的成熟条件设置表

按照工作时间设置成熟条件	比如约定成熟期为 4 年，每年成熟 25% 也可以在约定的 4 年内，第一年成熟 10%，第二年成熟 20%，第三年成熟 30%，第四年成熟 40%
按照项目进度设置成熟条件	比如针对公司的技术开发人员，完成产品的设计工作可成熟 10% 的股权，完成产品的研发并制作出样品可成熟 20%，当产品上市后可成熟 30%，产品的质保期内无召回或验证缺陷问题的可成熟 40%
按照融资进度设置成熟条件	公司完成 A 轮融资可成熟 40%，完成 B 轮融资可成熟 30%，完成 C 轮融资可成熟 30%；或者融资 1000 万元可成熟 40%，融资 3000 万元可成熟 30%，融资 5000 万元可成熟 30%
按照项目业绩设置成熟条件	就是确定持股人的业绩目标，当根据考核规则达成此目标时，股权就一次性或分期兑现

技术持有人（或者技术出资人）以技术成果作为无形资产作价出

资公司，在以技术成果入股后，技术出资方取得股东地位，相应的技术成果财产权转归公司享有。但是其中会有很多实际问题发生，我们来了解一下。

（1）如果你还没有获得专利，仅仅是对某个领域的行业有成熟的技术和丰富的经验怎么办？这些都是无形资产，评估师无法评估。在以你自身的才能、对未来能产生的预期价值作为衡量标准的情况下，技术入股的多少，往往看你和创始人的感情有多深。

（2）既没出专利也没出钱入股的情况属于“干股”。如果公司出现问题，你的责任也跑不掉。遇到一开始就没想好好干的创始人更麻烦，最后陷入财务问题的技术创始人比比皆是。

（3）一旦技术入股，交换后技术归企业所有，你也是有决策权的，包括对你曾经拥有的技术专利的处置权。一旦你成了技术入股人，也请对你的股份代表的义务负责。

（4）有些技术人员觉得初创公司现金的价值大于技术，其实不是。在一般初创公司里如果是核心技术，给你 10%~30% 很正常，所以别觉得股份高了不好意思，低了才有问题。

（5）你技术入股后吃专利回报或继续研发都好，你的薪酬待遇应该对应你在公司劳动所产生的价值。工资和股份之间需要平衡，唯一可根据的就是你和创始人的感情深浅，跟法律没有关系。

（6）假如你只是一名工程师，被某个 CEO 的情绪感染了，一拍脑袋就想入股，你的股份最好自持不要代持，在公司初创章程里注意你技术入股对应的权责，然后时刻注意自己的股权稀释问题。因为初创公司的存活都是个问题，也别对未来的期权过分感兴趣。

（7）签订股权转让协议两份，约定老板将股权以一元价格转让给你。一份是 10%，另一份是 1%，在协议中说明根据哪种情况实行股权转让。注意签字的时候不注明日期，待实现营业额后，再填写日期。

如果还能做到将工商变更手续资料准备齐全就更好了，注意不要填写日期。这样可以避免老板届时赖账，你可以直接拿着这些东西自己去工商变更。

（8）技术跟资本合作，千万不要拿低工资，不然项目做成功或者不成功，做技术的可能都是颗粒无收。既然跟资本合作，工资按市面上的算，市面工资是多少就是多少。如果对方说前面没有利润，能不能工资低一点，可以低一点，但是不能离谱，工资在企业成本里占10%~15%，若没钱还投什么资。

（9）最好请个律师或在公证处咨询下签订协议，确保不要上当受骗。

（10）如果是合作方人品好，技术可以毫无保留；如果还不确定，核心技术最好保留一点，以免翻脸不认人。

（11）法律规定是不能以劳务或技能作为股权出资的。因为公司法采用的是法定资本制，强调的是资本确定、不变、维持三原则。劳务不具有独立转移性，但实物、知识产权、土地使用权是可以估价并转让的，是可以以非货币形式来出资的。解决方案是：成立合伙企业，合伙人以劳务出资，合伙企业承担无限责任，将注册资金变为分期缴纳，约定几年后入资，在此期间，公司盈利后，技术人员可取得分红后补足注册金。

技术人员不好意思开口，往往容易吃亏，其实没有必要，有什么要求都可以公开讲，要维护自己的正当权益。

◎出钱少、出力多的如何算股权、分红权、表决权

A 是一家智力和技术密集型的创业电商公司。注册资金为 200 万元，成员如下：

甲：出资 50 万元，阿里巴巴前市场总监。

乙：出资 20 万元，百度前技术副经理。

丙：合出资 30 万元，技术与运营团队共 6 人。

丁：出资 100 万元，看好 A 公司团队和前景，不参与管理，只出钱。

如何设计 A 公司的股权？丁是相信甲和乙才投资的，万一中途离职了怎么办？丁承诺如果甲和乙在 4 年内不离职，可以出大钱占小股，底线为 20%。

如何设计 A 公司的股权、分红权和表决权呢？

（1）按资金股占比 40%，人力股占比 60%，股权分配如表 8-4 所示。

表 8-4　股权分配

	出资	甲	乙	丙	丁	合计
出资情况	出资额 / 万元	50	20	30	100	200
	持股比例 /%	25	10	15	50	100
股份分类	资金股权重 40%	25% × 40%=10%	10% × 40%=4%	15% × 40%=6%	50% × 40%=20%	40%
	人力股权重 60%	40%（分 4 年兑现）	10%（分 4 年兑现）	10%（分 4 年兑现）	0（无人力股）	60%
合计持股		10%+40%=50%	4%+10%=14%	6%+10%=16%	20%+0=20%	100%

（2）分红权分 4 年，解锁，当合伙人离职时分红权全部收回，可由甲或乙代持，如表 8-5 所示。

（3）表决权分配如表 8-6 所示。

表 8–5　分红权分配

单位：%

解锁时间	甲	乙	丙	丁	合计
初创时	25	10	15	50	100
第一年末	10+10=20	4+2.5=6.5	6+2.5=8.5	65	100
第二年末	10+20=30	4+5=9	6+5=11	50	100
第三年末	10+30=40	4+7.5=11.5	6+7.5=13.5	35	100
第四年末	10+40=50	4+10=14	6+10=16	20	100

表 8–6　表决权分配

单位：%

	解锁时间	甲	乙	丙	丁	合计
出资	初创时	25	10	15	50	100
表决权	第一年末	50	14	16	20	100
	第二年末	50	14	16	20	100
	第三年末	50	14	16	20	100
	第四年末	50	14	16	20	100

以上分股权、分红权、表决权，解决了投资方出钱不出力及全职创始团队出钱又出力的问题，体现了人力资本的价值。

◎如何设置合伙人股权

创业中合伙人是灵魂，一定要把顶层设计做好。真功夫、西少爷的失败教训，给我们很多启示，在股权方面一定要提前做好规划。

合伙人的股权制度原则是让贡献大、干得多的合伙人享有更多的股权。举个例子：几名大学生合伙创业，到年底时根据干活的多少进行增发，一人之前是持 40% 的股份，但他只投钱没干什么事，现在股权便要稀释到 20%；一个持 15% 股份的合伙人，因为贡献特别大，现在增发到 35%。这样合伙不散，可以让内部干活的人慢慢在公司的权力不断增强，形成比较稳定的机制。几个合伙人创业分配股权的原则，如表 8-7 所示。

表 8-7 几个合伙人创业分配股权的原则

股东数量	划分原则	应避免的划分方案	合理的分配方案
2 名合伙人	避免均分 老大要清晰	50% ∶ 50%（股权平分） 65% ∶ 35%（博弈型，小股东可一票否决） 99% ∶ 1%（大股东吃独食）	70% ∶ 30%（老大清晰） 80% ∶ 20%（老大清晰） 51% ∶ 49%（一大一小）
3 名合伙人	1 › 2 + 3 大股东比例大于二三股东之和	33.3% ∶ 33.3% ∶ 33.3%（均分） 95% ∶ 3% ∶ 2%（单打独斗） 40% ∶ 40% ∶ 20%（三股东危险） 40% ∶ 30% ∶ 30%（创始人危险） 45% ∶ 45% ∶ 10%（创始人出局） 48% ∶ 47% ∶ 5%（创始人决策差）	70% ∶ 20% ∶ 10% 60% ∶ 30% ∶ 10% （老大清晰，能够快速决策）
4 名合伙人	2 + 3 + 4 › 1	35% ∶ 18% ∶ 18% ∶ 29%（博弈） 25% ∶ 25% ∶ 25% ∶ 25%（平分） 94% ∶ 3% ∶ 2% ∶ 1%（老大独大）	40% ∶ 25% ∶ 20% ∶ 15% 35% ∶ 29% ∶ 20% ∶ 16%
5 名合伙人	保证创始人话语权，有效防范风险	1 › 2 + 3 + 4 + 5（老大独大） 1 ‹ 2 + 3 + 4 + 5（决策僵局） 90% ∶ 4% ∶ 3% ∶ 2% ∶ 1%（创始人独占利益）	大股东、发起人、创始人及带头人等合伙人股权为 40% 其他联合合伙人股权总和为 30% 两个股东不参与管理 预留 10% 股权激励

雷军其实是股权设计的高手。2010 年创业时，雷军股份比例不到 30%，他说是最后一次创业，追加了 3900 万美元使自己股份比例达 50% 以上。他自我增资就是为自己挖了个坑并且跳下去，其他 7 位联合创始人也一起跳下去，这让大家感觉到了“ALL IN”的决心。他让员工大面积持股，56 个员工自掏腰包投了 1100 万美元，向员工融资也是一种很好的方式。激励分三种选择方式，比如同跨国公司同等水平的工资、2/3 工资 + 股权、1/3 工资 + 股权，80% 的员工选择第二种。小米每一次融资的估值都是上一轮估值的 4~5 倍。

所以，合伙人要设计好分期兑现和回购机制，根据大家的表现和贡献，对股权进行动态调整。

◎动态股权设计的贡献点如何计算

讲一则四个合伙人创业因理念不合而导致退股闹矛盾的故事，希望对读者有所启发。

甲、乙、丙、丁各投资 55 万元、15 万元、15 万元、15 万元，以出资分配股权，做社区 O2O 服务。乙从事运营推广工作，与其他三个人产生矛盾想退出，公司业务有较大提升，但还是亏钱。其他三个人希望以 15 万元原价回购，但乙坚持三倍，即 45 万元回购。

最终公司不欢而散，乙只拿到几万元，他希望赚一笔退出，结果是亏钱退出。

合伙人退出可能因为不全职参与公司运营、辞职、辞退等，你如果是创始人，是不是只考虑入伙分股权比例，而从来没有思考过分家时如何回购股权的问题。

那么初创公司如何动态进行股权分配？

（1）要一个牵头人来负责，制订分配股权的里程碑。

（2）分解各个关键环节，制订贡献点、贡献计算标准。

（3）加入回购机制及执行的细节，形成契约及计算模型，持续记录及公布贡献值，将贡献值转变为股权，以体现阶段性的成果。

表 8-8、表 8-9 就是实际的贡献点汇总表，包括激励对象、计量的标准、计提时点、兑现时点、回购价格等重要内容。

表 8–8　未转股和已转股的贡献值的对比

贡献值	未转股的贡献值	已经转股的贡献值
未领取的工资	8 折回购	150% 回购价和最新融资估值 30% 之较高者
投入的现金	9 折回购	150% 回购价和最新融资估值 30% 之较高者
未领取的年度任务完成的岗位奖励	6 折回购	150% 回购价和最新融资估值 30% 之较高者
投入的商标	6 折回购	150% 回购价和最新融资估值 30% 之较高者

表 8–9　贡献点汇总表

贡献点	激励对象 / 岗位	贡献点描述	贡献值计算标准	计提时点	合伙人离职时，贡献值回购价格	合伙人离职时，股权回购价格	兑现方式	可兑现时点
合伙人投入现金	全体执行合伙人	投入现金	现金金额	投入现金时	八折回购	1.3 倍或者最近一次对外融资估值的 30%，取较高者	不可兑现	不适用
非执行合伙人投入现金	全体非执行合伙人	投入现金	现金金额	投入现金时	八折回购	1.3 倍或者最近一次对外融资估值的 30%，取较高者	不可兑现	不适用
全职合伙人未领取的工资	全体执行合伙人	未领取的薪金金额	合伙人工资水平减实际领取的工资；合伙人可以根据自身的水平修改	每个月发放工资时计提	八折回购	1.3 倍或者最近一次对外融资估值的 30%，取较高者	不可兑现	不适用
专利技术或非专利技术	全体合伙人	投入公司所需要技术	该项技术需完成技术转移，并能脱离发明人产生效益；团队共同评估专利未来给公司带来的价值	实现技术转移时	四折回购	1.3 倍或者最近一次对外融资估值的 30%，取较高者	不可兑现	不适用

续表

贡献点	激励对象 / 岗位	贡献点描述	贡献值计算标准	计提时点	合伙人离职时，贡献值回购价格	合伙人离职时，股权回购价格	兑现方式	可兑现时点
促成销售	全体合伙人	合伙人利用自己的人脉关系促成销售	销售额的 2%	实现销售并且收回销售款项	八折回购	1.3 倍或者最近一次对外融资估值的 30%，取较高者	可以全部兑现、部分兑现或累积贡献值	促成销售后一周
办公场所	全体合伙人	合伙人为公司提供自己名下的办公场所	市场租金水平	每个月末计算一次	七折回购	1.3 倍或者最近一次对外融资估值的 30%，取较高者	不可总现	不适用
为公司提供咨询顾问	外部的顾问合伙人	利用自己的专业知识提供服务	参考其提供服务的市场价格，双方协商制订	服务已经提供完成	六折回购	1.3 倍或者最近一次对外融资估值的 30%，取较高者	不可兑现	不适用
个人资产为公司担保	全体合伙人	利用私人财产或信用为公司债务担保	担保费用的市场价格	签署担保合同后	七折回购	1.3 倍或者最近一次对外融资估值的 30%，取较高者	不可兑现	不适用
带领团队达到下一个里程碑	CEO	带领团队实现目标	10000 元	达到下一个里程碑	七折回购	1.3 倍或者最近一次对外融资估值的 30%，取较高者	可以全部兑现、部分兑现或累积贡献值	达到里程碑

续表

贡献点	激励对象 / 岗位	贡献点描述	贡献值计算标准	计提时点	合伙人离职时，贡献值回购价格	合伙人离职时，股权回购价格	兑现方式	可兑现时点
融资成功	全体合伙人	由 CEO 按每个人的贡献分配	融资额的千分之一	融资款到账	五折回购	1.3 倍或者最近一次对外融资估值的 30%，取较高者	可以全部兑现、部分兑现或累积贡献值	融资款到账
公众号运营	新媒体运营	公众号和粉丝群运营	每个粉丝 5 元	达到下一个里程碑	一折回购	1.3 倍或者最近一次对外融资估值的 30%，取较高者	可以全部兑现、部分兑现或累积贡献值	达到下一个里程碑
营销	CMO	制订执行营销政策	销售额的千分之一	达到下一个里程碑	一折回购	1.3 倍或者最近一次对外融资估值的 30%，取较高者	不可兑现	不适用
财务管理	CFO	负责财务预算规划	净利润的千分之五	达到下一个里程碑	一折回购	1.3 倍或者最近一次对外融资估值的 30%，取较高者	不可兑现	不适用
技术部门负责	CTO	负责 IT 系统与网上平台	比预计时间提前完成开发，节省成本的 10%	完成下一个版本的开发	一折回购	1.3 倍或者最近一次对外融资估值的 30%，取较高者	不可兑现	不适用

◎股权设计的 7 个坑，千万别踩

市面上各种股权培训班，但你知道在实际的股权设计中常见的 7 个坑吗？

1. 提供资源占股甚至大股

这是一个特别大的坑。分享一个真实的案例：有一个项目，一开始 2 个创始人是同学，CEO 有 55% 的股权，另一个有 30% 的股权，还有 15% 给了天使投资人。二把手已经 50 岁了，已经过了创业的年龄了，但有资源，这个公司刚开始的时候靠二把手引入的一个关键资源起步了，但二把手不参与创业。

这种资源引入只有一次性价值，等公司做大，你发现这个资源是非常容易获得的，甚至没有任何代价。早期为引入这个资源付出的股权代价就过于高昂了，对公司的长远发展非常不利。

当投资人介入的时候，提的第一个条件就是稀释二股东的股权，如果能让他套现出局就出局，给他开一个大家都能接受的价格。因为他的历史作用结束了，不是一个持续的价值创造者。

对于这种仅仅提供一次性资源但是不参与持续创业过程的外部资源人，不要放在母公司股权结构中，实在不行就设立一个特殊目的公司，把这个人的股权放在一个二级的业务公司里面。因为当大家看到一个公司快速成长，估值翻几倍的时候，谁都不愿意出局，处理起来很困难。

母公司的股权一定要留给那些能为公司带来持续价值贡献跟公司一起长跑的人。你在早期设计股权结构的时候如果设计不好，后期的投资者就很难进入，就形成不了一个平衡合理的股权结构。当然，也无法吸引优秀的人才进入，即使是公司起步一年以后，如果没有

5%~10% 的股权，也不容易吸引优秀的人才加入创业公司的高管团队。

2. 按出资额来占股

这是绝对不行的。在国外，公司注册没有注册资本这个概念，股权结构全是股东之间签订协议达成的，跟公司登记根本没有关系。但在中国就必须登记，还得有注册资本，有跟注册资本对应的股权结构，其背后的原则就是只承认资本对剩余价值的索取权，不承认企业家才能，不承认专业劳动在剩余价值中的索取权。这个原则与风险投资承认企业家才能和专业劳动对剩余价值索取权的原则是完全冲突和背离的。

3. 创始人淡出后不退股

这也是不行的。谁离开团队，不参与运营了，都必须调整股权。

4. 天使投资人占大股

经常有人问我，天使投资怎么估值？其实天使投资人没有任何估值的原则，就是给你一笔钱，让你运营 12~18 个月，需要烧多少钱，在其基础上留 1.2~1.5 倍的裕量，看你之后能不能接上 A 轮融资。不同的项目需要的钱不一样，但不管投资多少，能出让的股权通常也就 20% 左右。我不建议出让超过 30% 的股权，因为后面投资人进来的时候就会觉得不均衡，因为前面拿得太多了。如果你希望后面有人接盘，早期就必须遏制天使投资人的贪婪。

5. 产业资本占大股

产业资本是带有战略协同目的的资本，其依托的母公司往往在行业里面是一棵大树，你在这个行业里就是一个分支，如果大树能给你引来一些资源，能给你带来战略协同，并且会对你的成长产生非常重要的作用，这种资本是可以考虑接受的。包括终极的退出机制就是你把公司做大了之后，卖给这家大公司。一旦你冲出来了，成为行业里至关重要的一家公司，对他发展战略有重大影响的时候，他就会并购你。

对于纯 VC 和 PE 来讲，他们没有战略协同的要求，你往大做，他们也不会干涉你的发展方向。有部分依托实业公司的产业资本其实完全是按照金融资本的玩法来做的。

6. 股份均分

比如 2 个创始人五五开，3 个人每人 33.3%，这都是经典的创业必分裂的股权结构。即使 2 个人共同起步，也一定会有一个人在跑步的过程中成为真正的老大。所以，创业者在前期设计股权时，只要找个专家咨询一下，就可以让你少犯很多错误。

7. 兼职创业占股

早期创业，技术人才很难挖。例如有一个人在 BAT 技术水平很高，年薪几十万元，他不想出来跟你创业，但可以利用业余时间帮你做开发，这个时候你也付不起钱，让他在公司兼职占股，这是最典型的。如果你能把他的股权控制在 3%~5%，还可以容忍，一旦占到 20%~30%，就必须全职出来做。5 个人合伙的“54321”模式如表 8-10 所示。

表 8-10　5 个人合伙的“54321”模式

模式	内容
5	5 个人合伙成立公司
4	大股东、发起人、创始人及带头人的股权比例在 40%
3	其他联合创始人的股权总和在 30%
2	建议 2 个股东不参与公司经营管理
1	预留 10% 股权激励，吸引优秀人才

总结：资源承诺者、兼职人员、早期员工、早期外部投资人，都不能以创始人的身份在公司里占有股权。

第二节　融资过程中股权如何分配

◎创业公司何时分配股权合适

有的创业者从一开始创业，为了团结一些小伙伴，几乎把股权全部分配完毕，这样是否合适呢？何时分配股权比较好呢？以下是一些分配股权时的主要方法与原则，仅供参考：

（1）创业团队股权分配什么时间谈比较合适？建议在最开始确认合伙的时候就要谈好。确定的依据结合出资、个人贡献而定。客户资源、融资能力、劳务等无法作为法定出资内容的“个人贡献”，可以通过其他形式确认为股权，但需要专业人士的指导。

（2）团队刚形成时就确定好股份，还是等到有了第一份收入时再确定？我们认为能确定的先确定（在成熟机制中成熟一部分），剩下的部分采用限制性条款锁起来，然后留一小部分股权做股权激励的份额，由大股东或者某个大家信赖的股东先代持。

（3）股权分配基本遵循两个核心原则：一是个人承担的风险（全职与兼职，实际出资、进入阶段）；二是持续给项目带来贡献（分为基础贡献、岗位价值贡献，持续工作时间）。但五五分的股权结构是绝对不行的！要确保有一名主事的大股东，至少保证其持股40%以上。

（4）刚开始组建团队时，无法确认谁的贡献大，怎么办？我们只能依据合伙人个人以往的工作经历给一部分“基础值”，另一部分就按照岗位价值贡献“谁更重要”来确定。最后同比例稀释股东激励池来做动态调整。

（5）如果等到有收入或者融资之后再来谈股权的问题，此时股权已经很值钱了，这时候再来讲规则和道理，基本上没有人愿意听。所以，创业团队股权分配在什么时间谈是一个非常关键的问题。

（6）初创公司发展到中期后，可以根据大家的贡献再进行股权激励，对股权份额进行调整。方案有很多，包括增资、股权转让、设立员工持股平台、期权、股票增值权等，具体要结合公司和激励对象的具体情况而定。

（7）既要让所有股东觉得公平公正，又要依照市场惯例体现特定股东的“贡献股权”，往往需要公司业务律师的参与。律师参与内容包括股权比例的设定、公司治理结构的搭建、个人贡献的估值、特定职位人员的竞业保密协议等，并不是一般人理解的律师只是起草合同那么简单。

（8）股权激励申请权利兑现的具体时间点，最好错开公司法人年检或年底财务结算的时间段，不要选择在公司资金流需求较大的时间行权，行权最好与公司业绩指标达成时间挂钩。

（9）参与初创的创始人，可以根据是否全职、做出的贡献价值来分配。以业务为导向，CEO、COO、CTO 要根据不同职位及负责公司的板块，确定各自的股权比例。如果是兼职，只能获得全职的 20%，待转全职后兑现。CEO 要持有相对多数的股权，这样有利于创业项目的决策及执行，如果是 3 个人，科学的结构是 5∶3∶2。退出机制可按持股比例来参与分配公司净资产或净利润的一定溢价，或者按公司最近一轮融资估值的一定折扣进行回购。

◎融资如何稀释股权

很多人并没有意识到，他们在加盟公司时拿到的期权比例，并非最终公司上市时手中持有公司股份的比例。随着公司的不断壮大，外部融资会不断稀释大家的股份。究竟最后能拿到多少公司股份，很大程度上取决于公司的融资和期权池。

首先，创业者需要理解融资和股权转让的区别。

融资是企业融资，企业引入外部投资者的资金做大公司，投资人则拿到公司的一部分股权成为公司的新股东（即增资入股）。而创始人转让自己手里的公司股权，其实质是股东的套现，股权转让的收益归属于股东个体而非公司，除非该股东又将转让收益作为新的注册资金再次投入公司，这样的投入会导致公司股权结构的变化，与融资效果类似。

融资时，企业注册资本增加，且原股东股权计税成本不变；股权转让时，企业注册资本不变，且原股东股权计税成本调整。

融资带来股权稀释。通常一家不断做大的公司在上市前往往需要4~5轮的融资。典型的情况下，企业根据融资轮数可以划分为以下几个阶段：

初期：股东自己出注册资本金。

天使轮：改革发展，天使投资人“看人下菜碟”。

A轮：经过基本验证，具有可行性。

B轮：发展一段时间，公司还可以运转。

C轮：在前面的基础上继续发展，看到上市的希望。

IPO：发展壮大，投资人要套现离场，大家都觉得该上市了。

第一轮天使轮融资额在 50 万 ~200 万元。天使投资人也会拿走 10%~20% 的股权。接下来，在公司的商业模式初步取得成效时，VC 会投出 A 轮融资。A 轮融资额通常在 500 万 ~1000 万元，同时拿走公司 20%~30% 的股份。下一轮（B 轮）融资额进一步扩大，数目通常在 2000 万 ~4000 万元。当然，公司要继续发展壮大投资人才会给钱。这时候，公司一般出让 10%~15% 的股份。最后，公司进一步扩大，如果达到年营业收入 2000 万元以上，PE 或其他战略投资者会进一步投资 C 轮，数额在 5000 万元左右，此时他们拿 5%~10% 的期权。

为了留住老员工和吸引新员工，公司会设立期权池，这会稀释原有股东的股份。每年公司都要保证期权池占据一定的比例来激励员工。员工在加入公司初期，因为心里清楚，公司前途未卜，所以往往要求拿到较高比例的期权补偿。而每一次给新员工发放期权，公司创始人和部分老股东的股份就会被稀释。

例如：甲乙二人建立了企业 A，他们的出资比例为 6 ∶ 4，此时公司的股权结构如表 8-11 所示。

表 8-11　公司初创期的股权结构

股权人	出资比例 /%
甲	60
乙	40

一年之后，天使投资人来了，双方经过评估，认为企业价值 80 万元，天使投资愿意投资 20 万元，且要求在自己入股前，公司先拿出 20% 的股份建立期权池。此时：

甲所占的股份为：60% ×（1-20%）=48%

乙所占的股份为：40% ×（1-20%）=32%

公司的股权结构如表 8–12 所示。

表 8–12　公司的股权结构

股权人	股权比例 /%
甲	48
乙	32
期权池	20

天使投资人入股后，他的股份：20 ÷ （80+20）=20%

甲的股份：48% × （1–20%）=38.4%

乙的股份：32% × （1–20%）=25.6%

期权池：20% × （1–20%）=16%

此时公司的股权比例如表 8–13 所示。

表 8–13　公司的股权比例

股权人	股权比例 /%
甲	38.4
乙	25.6
期权池	16
天使投资人	20

此后（这里假定一个简单的情形），A 轮、B 轮、C 轮、IPO 公司都拿出 20% 的股权份额给新的投资者。其中，较特别的是 A 轮投资人仍然面临较大的风险。一般 A 轮投资者会跟公司签署协议，如果在 B 轮融资时，公司估值达不到某一个特定值，就必须保持 A 轮投资

人的股份不被稀释，仅稀释 A 轮投资前的股东股份。

这样，公司各个阶段的股权比例如表 8-14 所示。

表 8-14　公司各个阶段的股权比例

单位：%

股权人	初创	天使投资加入前	天使投资加入后	A 轮	B 轮	C 轮	IPO
甲	60	48	38.4	30.7	23	18.4	14.7
乙	40	32	25.6	20.5	15.4	12.3	9.8
期权池		20	16	12.8	9.6	7.7	6.1
天使投资			20	16	12	9.6	7.7
A 轮投资				20	20	16	12.8
B 轮投资					20	16	12.8
C 轮投资						20	16
IPO							20

◎天使投资如何分配股权

很多创业者都想融到钱，但对于天使投资真的与你签订了投资协议后占股多少，心里是没有底的。下面我就来说一下基本的规则，希望能对大家有所启示。

（1）一般的初创公司融资，多由个人天使投资者出资，出资规模从 100 万美元到 1000 万美元不等，公司让出公司股本的 10%~20% 较为合适。创业公司的当前业绩、经济环境、融资金额、项目首捧情况等左右公司与投资人的谈判话语权。注意：不能为了眼前的钱出让太多的股份（或者表决权），不能让投资人资本进入的同时对公司的运营管理产生影响或阻碍。

（2）创业没有钱也是不行的，公司不要陷入没钱的境地。因为一个资金相对危险的公司，在接受投资时不可能挑挑拣拣，在谈判时也不可能有话语权，公司的估值也不会太高。

（3）融资数额通常不需要多精确，也不需要财务上的估值模型。估算一下大概多少钱，维持到下一轮融资。下一轮融资有时候很快，有时候需拖一段时间，给自己足够的资金活下去。至少要维持 18 个月，自己也要有持续造血功能，不能一味地靠融资输血。

（4）创始人融资要始终掌握控制权，千万不要失去控制权。根据企业的发展对各个股东的股权分配按照以下规则来进行：

①股东在公司创立之初及运营时投入的资金。

②股东个人的专业能力（技术、管理、市场），每一部分对公司业务的影响力大小。

③股东可以为公司带来的资源，比如客户。

④股东对公司长久持股的意愿：希望尽快变现的和长久经营公司的持股比例差异比较大。

⑤股东是否全职为公司工作。

（5）融资阶段包括天使投资、A 轮融资、B 轮融资等直到 IPO。我认为最理想的状态是直到 IPO，创始人还是创始股东，至少是最大的股东。天使投资最好不要超过 25%，期权池应该占据 15%，这样才能保证下一轮融资时仍有 30% 可以融钱继续发展。没有天使投资，直接 A 轮融资，则最好不要超过 20%；A+B 轮融资不要超过 30%。以此类推，到 IPO 时，投资人最好不要超过 50%，而 IPO 往往会增发 10%~20%，又会稀释，最终上市后，创始人持股可能在 40% 左右，这是境外模式。境内模式类似，最好创始人还处于控股地位，作为实际控制人并签署一致行动人协议。

（6）如果企业有 2 个合伙人，一个占 60%，另一个占 40%，务必保证其中一个人有决策权。

◎早期项目融资股权分配 12 条

创业者一般在第一次融资时，对于出让自己的股份没有太多概念。创始人在项目早期出让的股权比例过多，会过早地失去了控股权，后续项目的成长和融资都会受到影响，甚至有易主的风险。

（1）自己项目的股权结构要尽早地改变不合理的状况，进行标准化、规范化的设计。2 个 50%，3 个各占 1/3，夫妻店、创始人一人 100% 等结构都是不合理的。

（2）如果创业项目的股权结构严重失衡，足以为后续发展埋下隐患，即使产品或者方向不错，投资人也不会投。一个创始人 + 联合创始人 + 期权的模式相对合理，创始人持有大股，原则上占 60% 以上；如果是利润化，股东的股比分配没有价值化那么严格，股东分红可以和股比不一致（全体股东协商一致，可以按照约定的比例分红），但是在需要保证创始人对公司的控制权（内部治理规则上需要设定创始人的相应权责或者签订一致行动人协议）。

（3）创始人意识到自己的股权有问题，可以在引入投资人时校正股权的结构和比例。如果创始团队本身难以判断，可以借助投资人的帮助确定相对合理的股权架构。

（4）如果合伙人在发展过程中要出局，创始人、公司或者投资方会按照一定的价格，按照股份的数量和股权成熟的时限来回购合伙人所持有的股份。

（5）在早期融资过程中，好的投资人除了给予资本支持外，还可以提供资源、智力和精神支持。对于创业者而言，在项目早期，就需要考虑选择那些可以坚定地站在自己背后的投资人或者投资机构。

（6）A 轮融资之前的项目尽量不要签订对赌协议，因为可能被对赌了许多不合理的情况。

（7）创业者是多出力、少出钱，投资人是多出钱、少出力，创业者总体上是要占大股的。种子期的投资其实最没有规矩，完全是投资人看着顺眼就投，你的公司和事业基本是零，这时候完全凭投资人的感觉。所以，在这个环节很难找到“规则”。

（8）早期投资人一般不会占太多的股份。首先他的目标是把你包装了送到天使轮融资或者 A 轮融资，就算不完全退出也要在后续的投资中把成本拿回来。投资人不是合伙人，不能陪你走到最后，最快赚钱是他们的目的。如果他们占了太多的股份，就不容易出手，所以他们倾向给少的钱，占少的股份。当然，具体项目具体谈。

（9）天使投资不会要求你对等投资，他基本知道你没钱、没项目、没资产，就是赌你能成功。所以，他不会要求你拿钱，有时候为了不让你半途而废，会增加一些条款。比如你要出一点钱，或者失败了要负责还一部分钱，其目的是怕你跑掉，而不是真的要你的钱。

（10）按照之前的投资经验，互联网早期项目投资倾向少钱快出。别指望上来就能拿几百万元，那个在互联网可以叫作 A 轮融资了。游戏行业你能赌一把，因为一个游戏赚很多钱，投资人不会指望你之后的发展，也不会卖出去，所以投资额会有一两百万元。

（11）如果早期投资人见面一直听你说话，那么可能是真的要投资你；如果一直给你讲他的丰功伟业，基本上就是骗子，或许是骗你给他打工。当然，这也不是绝对的。

（12）早期项目融资股份出让 15%~20%，钱拿足够用的别多要，这轮只是帮你启动，后面还有很多投资要拿。双方信任第一，当朋友谈就好了，没那么多技巧，如果你失败了什么条款都是摆设。

第三节　创始人如何牢牢掌握公司的控制权

◎为什么说有限合伙企业平台好

企业在发展过程中，有不少牛人或投资机构加入，股权也不断释放，如何一直保持创始人的绝对控制权？要对员工持股采取有限合伙企业的形式。有限合伙企业到底有什么特点，有什么好处呢？

简单来说，成立一个有限合伙持股平台，作为公司的一个股东出现，其他所有持股员工都在这个平台下面。如果平台中有员工离职或其他变化，但是作为股东整体是没有变化的，还是以这个平台作为股权，只是内部可以做一些变更。这样既保证了很多员工都能享有股权，也确保了公司以后在资本市场的规范性，因此现在不少公司都采用这种形式。为什么采用这种形式呢？

（1）交税负担小。中国不向有限合伙企业征收企业所得税，而只对其投资者的经营所得征收个人所得税，所以合伙企业的所得税负担轻于公司制企业。反观公司型持股平台，首先持股平台从母公司分配利润就需要缴纳 25% 的企业所得税，而员工个人如果要从持股平台分配利润，又需要缴纳 20% 的个人所得税，这便形成了双重征税，高昂的税负将会为公司带来负担。因此，有限合伙持股平台有很大的优势。

（2）有限合伙企业型持股平台相当灵活。它是不具备法人资格的营利性经济组织，相对公司组织更为松散，法律对合伙企业的干预和限制较少，合伙人之间的权利义务、收益分配、入伙退出都可以按照合伙协议约定。成立合伙企业型员工持股平台，所有入股的员工都签订一份合伙协议，一旦离职或有其他行为，都可以私下按协议进行转股或代持等，在公司内部就可以解决。对于整个公司的经营来说，有很大的自主性和灵活性。

（3）公司创始人可以牢牢掌握控制权，中国法律规定有限合伙人只是作为出资方，不能参与企业管理。在构建员工持股平台时，让员工做有限合伙企业的有限合伙人（LP），同时让母公司的创始人和其创始人名下的公司担任有限合伙企业的普通合伙人（GP），从而控制整个有限合伙企业，然后通过有限合伙持有和控制母公司的部分股权。在这种情况下，员工只享有经济收益，不能参与有限合伙企业的日常管理，所以控制权仍牢牢掌握在公司创始人手中，有利于创始人高效决策。

（4）有利于公司股权稳定及资本上市计划。一家要 IPO 的公司必须有稳定的股权结构。持股人不能超过 200，但是如果有合伙企业作为持股载体，股权激励可以在合伙企业内部约定，这些员工的股份都可以通过有限合伙企业持股平台来持有，并不会影响公司上市。

所以，在设计股权的时候，不要来一个人就分一点股份给他，让他变更成为股东之一，否则越往后股份就越分散，可能会出现十几位股东。

你要成立有限合伙企业（50 人以内），把这些人的股份全装到这个有限合伙企业平台中，这样股权就相当简洁、清晰。三种持股载体的优缺点对比，如表 8-15 所示。

表 8–15　三种持股载体的优缺点对比

持股载体	优点	缺点
员工直接持股	税负最低	对员工长期持股约束不足
	操作简单	大股东难回购
通过公司间接持股	捆绑员工与企业的利益	税负最高
	法律健全，政策风险小	股东只能同步转让股权
	股权可灵活调整	决策力低
通过有限合伙企业持股平台	股东做决策操作简便	合伙人只能同步转让股权
	比通过公司持股的税收稍低	法律不健全，面临政策风险
	可少量出资完全控制合伙企业	要承担无限连带责任

◎夫妻股东魔咒如何破

（1）夫妻一开始的股分划分就是硬伤，这是要避免的，尤其是以后要找投资机构进行融资时，要签订有法律效力的声明或“土豆条款”的协议，确保夫妻之间的股份不影响融资。

（2）股东会、董事会的实控权、分红权、投票权都要详细规划，从顶层设计防止漏洞出现。日常经营管理的公章、财务章、U 盾要牢牢掌握在自己手上。

（3）当公司走上正轨后，马上让夫妻一方退出公司股东层，不参与任何实质性管理，让更有实力和价值的股东参与管理。

（4）股权的各项权能应由股东本人独立行使，未经配偶同意的股权转让协议不影响协议的效力。

（5）夫妻离婚时签订的公司股权转让协议获得其他股东同意并明确表示放弃优先购买权的，该协议可认定为有效。

（6）未经法定程序处理前，“夫妻公司”在夫妻关系存续期间经营所得的资产（含未分配利润）、债权债务不属于夫妻共同财产，不能在离婚纠纷中直接予以分割。

（7）离婚时分割夫妻共同股权，非股东取得股东身份的还需其他股东过半数同意。

（8）夫妻一方婚前取得股权，婚后因股权产生的收益属于夫妻共同财产。

（9）夫妻双方共同出资设立公司，夫或妻名下的公司股份属于夫妻双方共有财产。因此，夫妻双方登记注册公司时应当提交财产分割证明。未进行财产分割的，应当认定为夫妻双方以共同共有财产出资设立公司。在夫妻关系存续期间，夫或妻名下的公司股份属于夫妻双方共同共有的财产，作为共同共有人，夫妻双方对该项财产享有平等的占有、使用、收益和处分的权利。

（10）夫妻持有公司股权所引发的纠纷，因为《婚姻法》和《公司法》的冲突导致不同的裁判结果，在相关司法解释出台之前不会有改变。

（11）夫妻两个人在刚开始创业时就要约定谁有能力就把控制权交给谁，或者根据两个人对公司的贡献来进行约定，但是分红权不变，都是 50%。比如有能力或者贡献大的那个人可以拥有 100% 或者 80% 的表决权，另一个人没有或者只有 20% 的表决权。

（12）自然人股东的财产与公司财产应明确区分。公司应建立自己的账册、开设独立的账户。公司的收入、收益应按照公司章程的约定向股东分红。股东不可让交易对象直接将公司的收入汇入自己的账户，否则将被判定为公司的财产与股东的个人财产无法区分。

（13）公司的决策均应依据公司章程做出股东会决议或董事会决议。自然人股东不可在省略决议的情况下擅自代替公司做出决策，否则将被判定为公司不具有独立意思，缺乏法人独立地位。

（14）作为股东的配偶，特别是在公司任职的情况下，对股东和公司的情况更是了如指掌。如果股东在公司经营管理过程中出现一些不规范的情况，又恰好被对方掌握并提交给办案机关，企业家可能会面临偷税、漏税、挪用资金之类的刑事指控。

所以，创业之前一定要夫妻双方签订财产协议，严格界定婚前财产的范围，就双方在企业的财产份额如何分割做出约定。这样在股东婚变时才可以避免因为对财产分割的争议，影响公司的正常经营。

夫妻创办的公司命运不仅关乎股东，还关系到员工的就业、投资人的利益、国家的税收等。

◎准上市公司股权重组和置换怎么做

总公司是设立分公司还是子公司，取决于以下几个因素：

（1）从法律风险规避角度：子公司优于分公司，子公司有独立法人，有董事会，可注册股东，出了问题总公司不会受牵连；分公司没有独立法人，无法独立承担责任，出了问题肯定祸及总公司。

（2）从税务统筹的角度：分公司优于子公司，比如两家分公司，一家盈利500万元，一家亏本500万元，对于总公司来说是不用缴税的。如果两家子公司，同样的情况，盈利的要缴税。

（3）从经营管控的角度：分公司优于子公司，分公司可以管理到基层，子公司由于具有独立的法人和董事会，管控力度不如分公司。

分公司无法注册股份股，可以跟股东签订协议：认同注册股东，每年参与分红，公司壮大后，可把股份直接在总部注册。公司上市后，把股份换算到上市主体公司。股权重组的三种模式如表8-16所示。

表 8–16　股权重组三种模式

模式	内容
持上不持下	比如华为公司，所有股东只在总部持股
持下不持上	比如复星国际，只有前五大股东在总部持股，其他人全在各子公司持股
多层次持股	在总部、子公司都有持股。公司要上市，就要把当初的股份置换回来，股东在分公司继续享有在职分红，但注册股被取消

股权置换的标准是以未来若干期累计净利润指标作为依据。

确认集团子公司股东三年可分配的利润额度。

确定置换的方法，比如创业板开板后一年时间，市盈率倍数平均为 78。用最后一年的净利润指标乘以市盈率的倍数，就是中国公司股权重组的标准方法。

进行愿景规划，创始人所占的股份比例越来越少，但股份的价值大大增加，这就是股权增值。

你是想三年内每年分 100 万元，还是想三年后身价上亿，这就是股权重组和置换的魅力。

◎如何掌握企业生命线——控股权

绝对控股就是 50% 以上，占绝对优势；相对控股是达不到 50%，但在众多股东中，是相对多数股，能对企业的经营活动实施影响和控制。

作为创始人想控制公司，要从三方面着手：一是股权层面的控制权；二是董事会的控制权；三是日常经营管理的实际控制权。

怎样对股权层面有控制权呢？如果没有 67% 或者 51% 以上的股

权，还有别的办法吗？有！

（1）如果创始人没有掌握公司的多数比例股权，但是其他股东信任你，同意你说了算。

（2）你是创始人，当大家意见不一致时，其他人包括投资人都听你的，加大你的投票权权重，对一些特定事项投票表决采取跟你一致的行动。

（3）你成立有限公司后，可在公司章程里规定不按照出资比例进行表决。比如注册 100 万元，A、B、C 各出资为 15 万元、15 万元、70 万元，但公司章程规定 A 享有 70% 的表决权，虽然 A 没钱，但仍然可以控股公司。当然，注册成股份有限公司就不行了。

（4）想不想通过注册资本为 10 万元的公司，控制几十亿元资产的集团？可以！比如你成立一家 A 公司，然后出资的股东 LP 成立有限合伙公司，有限合伙持有 A 公司股权，你作为创始人任 GP，控制整个有限合伙公司，然后通过这家有限合伙公司控制 A 公司的股权，其他股东只是有限合伙公司的 LP，不参与有限合伙公司管理，也不能通过有限公司控制 A 公司。

（5）同股不同权的 AB 股计划。A 序列普通股由投资人和公众股东持有，B 序列普通股由创业团队持有，他们有不同的投票权，比如 A 每股有 1 个投票权，但 B 每股有 10 个投票权，京东、聚美优品、陌陌都是这样的。

你可以牢牢地掌握董事会的控制权，以下方法可以借用：

（1）公司的投资人通常会要求董事的任免权，增加一个董事席位，要增加一个创始人席位，保证创始人席位一直多于投资人。

（2）控制董事更换数量，每年可改选人数，3 人董事中投资人只能有 1 个，7 人董事中投资人最多不超过 3 个，其余是创业者的人数。CEO、CFO 可加入董事会，余下的位置可为投资人和独立董事保留，独立董事最好跟你关系好。

（3）确定合适的董事会主席人选，创始人要跟他处理好关系。定期开董事会，一年最少要开六次，甚至有的公司一年开八次。董事会不断演进和变革，开始时需要有营销公关资源的领导，成熟期要经营性的管理领导。

（4）控制主动权，在股东会表决时，选举或指派自己人为董事会成员。控制提名方式，创业者可通过公司章程中不明确之处或者特别规定来反对投资人股东的提名。

（5）控制董事资格，比如投资方提名的董事资质不符合，可提出反对。控制表决通过投票比例，公司章程可把重要事项列为董事会的特别表决事项，如将董事提名、董事长选举列为特别表决事项，需要达到 2/3 以上董事的同意。

日常管理中的一些证照要时刻在手上，包括对法定代表人职位的控制，对公章、营业执照、印章和证照的掌握。

多轮融资要把握好稀释比例，天使 A 轮融资不超 20%，AB 轮融资不超 30%，IPO 增发 10%~20%，上市后创始人看能否持股 40%，当然也不一定。

早期创业时，不要一下子把股权分配完，激励对象可以是分红权 + 期权，但没有表决权，也不能转让或出售虚拟股权。

小股东可通过一家持股实体，间接持有公司股权，创始人成为这个实体的法定代表人、唯一的董事和普通合伙人，掌握表决权。

公司的控股权要牢牢地掌握在自己手上，可从股权层面、掌握董事会、日常管理三个层面来控制，具体控制手段可以按表 8-17 实施。

表 8–17　从三个层面来掌握企业控股权

三个层面	具体控制手段
股权层面的控制权	1. 掌握半数以上的股权比例（51%，最好 67%） 2. 投票委托权、一致行动人协议 3. 同股不同权 4. 通过有限合伙持股 5. 境外的双股权结构（AB 股）
掌握董事会的控制权	1. 控制董事更换数量 2. 确定合适的董事会主席人选 3. 控制主动权 4. 控制董事资格
公司经营管理的实控权	1. 控制法定代表人的职位 2. 掌握公章 3. 掌握营业执照 4. 掌握印章和证照

总之，公司的重大事项是基于股权由股东会决定的，比如修改章程、任命董事、融资，以及公司分立合并或清单等，一定要牢牢掌握控股权，否则创业就没意义了。

第四节　股权激励的 5 个技巧

◎企业如何规划好员工期权池

期权池，是期权激励衍生出的一个概念，特指公司股东拿出来激励员工的那部分股权。那么，关于期权池有哪些干货需要我们去了解呢？

1. 设置期权池有 4 种形式

（1）特定人代持，设立公司时由创始人持有部分股权（对应于期权池），公司、创始人、员工三方签订合同，行权时由创始人向员工以约定价格转让。

（2）设立有限合伙企业作为期权企业持有公司期权池。

（3）设立有限责任公司作为期权企业持有公司期权池，员工通过持股公司持有目标公司的股份，可避免员工直接持有公司股权带来的一些不便。

（4）虚拟股票。在公司内部建立特殊的账册，员工按照在该账册上虚拟出来的股票享有相应的分红或增值权益。

2. 期权池比例如何确定

一般有三种方式：一是按投资人要求的比例确定；二是根据创始团队的情况确定；三是基于已有的方向 / 商业模式设计确定。

3. 期权池有哪些来源

一般来说，期权池是由创始股东从自己持有的股权中提取，但也有投资人和创始股东约定按照一定比例从各自持有的股权中提取的情况，届时可以协商确定。

通常情况下，建议创始团队之间确定好股权比例后，同比例稀释一个期权池，然后把期权池设计成 10000000 股（自由约定，以方便计算和统计为主）。有的创始团队早期期权池预留特别大（一般是指在 30% 以上），这也有一定的道理，一方面避免再次增发带来麻烦；另一方面对于创始人集中投票权的操作方式也是不错的选择，后期再做期权池的切割，形成一个小的资源型期权池，用于以小博大的商业操作模式。

4. 如何设计期权池的大小

期权池一般为公司全部股权的 10%~20%。为避免后期期权池不够，建议根据企业的实际情况分几批进行激励，可设置不同的激励节点，如进入第一轮融资后拿出部分来激励，或公司营业额达到特定目标时进行激励。

5. 期权授予流程是怎样的

首先需要和被激励员工就具体的激励事项约定明确，包括但不限于授予的数量、条件、授予期限、行权价格、考验期等，双方协商一致后签订股权激励协议。其中，设置授予期限主要是为了留住员工，一般可设置为 2~3 年，具体是按月计算还是按年计算或是根据业绩达成情况，都可以由公司和员工来协商确定。只是在每一个阶段期限到期后，被授予股权激励的员工需要在行权期内确定是否行权。如果是员工离开公司，我们均建议企业收回被激励股权，可以以支付一定对价的方式，也可以无偿收回。

6. 股份怎么给予员工

这个股权不是一次性给予，有授予期限，一般为 4 年，就是干了多少活给多少奖励。一般这样的合同还有一个最短生效期，常见的是一年起，就是没干满一年，员工不能获得股权，满一年就拿到 25%，之后一般按月，也有按年计算，拿到后员工可以随时行使权利，获得股份。所以，新老板们不要担心员工跑了，自己没有保障。这个股权也不是无限期给予员工，如果员工离开公司，一般有 90~180 天去使用股权，不然过期作废。

7. 有股权的员工和创始人的区别

如果他们不行使权利，甚至都不算股东，话语权当然不一样。创始人开始都没有工资，甚至自己就是投资人，承担了所有风险。员工就不一样，依然是雇佣关系，除了失业风险较大，同时工资可能相对低一些，但这些都是个人风险，而不是企业风险，二者还是有很大区别。

◎股权激励要“五定”

每个项目创始人都会说股权激励自己也懂，但其实只知道一些皮毛，以为分一些股份或期权给别人就行了，股份有的更名注册，有的就是虚权，到期来兑现，是这样吗？我们认为实操股权激励要有“五定”。

第一步，定股。

股权激励模式的组成要素，如表 8-18 所示。

表 8–18　股权激励模式的组成要素

股权形式	实股、虚拟股、先虚后实 超额激励、干股分红激励、期权激励、期股激励（干股 + 期权）、实股激励。实际操作中是 5 种交叉综合使用
来源形式	大小股东转让、增资扩股
回报兑现形式	上市交易、增值卖出、增值持有、分红
出资形式	赠送、一次付清、分红偿还、公司或大股东借款

第二步，定人。

根据对公司未来发展的重要程度、贡献大小，分三批进行激励，如表 8–19 所示。

表 8–19　股权激励的三批人员

第一批	核心层，比如高管、负责人
第二批	业务销售等中坚层
第三批	骨干层 + 苗子层

考虑培养周期、工龄、可替代性、业绩等综合得分来确定。

第三步，定时。

融资前：可能快速提升业绩、优化股权结构、提高治理水平和融资估值。

并购重组：快速融合新老团队。

根据所属行业的相关性，分为横向并购、纵向并购和混合并购。

①横向并购：比如青岛啤酒收购了全国主要竞争对手几十甚至上百家，迅速扩大规模，实现低成本扩张，节约费用，形成巨头。

②纵向并购：主要是指对合作关系的上下游企业进行并购。比如

紫光集团在电子信息产业链内并购，富士康在电子产品产业链的并购，实现经营协同效应，管理协同和转型升级协同。

③混合并购：不同行业企业间的跨界并购。比如泛海控股收购美国金融保险公司和民安保险、华富国际控股，建立一个国际化公司。

转型遇到瓶颈：让团队重振信心、团结一心，谋求出路。

股权激励的有效期：一般是 3~5 年。

股权激励的考核期：1 年。

股权激励的禁售期：一般是 3~5 年。

第四步，定量。

一是要测算达到激励效果需要的现金；二是测算达到整体战略目标后的估值；三是算出激励总股比。

激励总股比 = 激励现金价值 ÷ 公司估值

举例：技术总监负责一项技术，预期收益为 2500 万元，公司 3 年后估值达 10 亿元，那么该总监可获得 2.5% 的股权。

当然，这个量实额度要“先岗后人”，业绩如没有通过考核，股权激励要取消或打折扣。公司考核的指标包括市场方面、盈利能力、产品研发、生产力、资金利用、人力资源，具体就是业务增长率、市场占有率、净利率、毛利率、产品开发投入、产品销售额、人均生产量、存货周转、现金流量、应收周转率等。除了业绩，价值观、团队建设、品德素养也可以是考核范围。

第五步，定价。

一般企业做股权激励时，公司原始股定为 1 元 / 股，这样更易操作，比如公司估值 550 万元，则股本设计也为 550 万股。

公司估值一般有市盈率 PE 法、市销率 PS 法、市净率 PB 法、市值倒准法等。股价为公司估值 ÷ 总股本。

比如一家非上市公司股价增长因素的权重如下：

销售额增长率，权重为 40%。

净利润增长率，权重为 30%。

净资产增长率，权重为 30%。

公司股价 = 上年股价 ×（销售额增长率 ×40% + 净利润增长率 ×30% + 净资产增长率 ×30% + 1）

当然，股权激励还包括股权布局、退出规则等，所以股权激励不是分股权那么简单，还需要专业顾问来执行。

◎股权激励就这么简单

海底捞如何激发员工热情的？逆天的服务只是成功的一部分，多种激励机制才是根本，如表 8-20 所示。

表 8-20 海底捞的员工激励机制

序号	激励机制	内容
1	畅通的多轨制晋升通道	除了财务总监和技术总监外聘外，其他岗位全是从基层做起，从先进员工、劳模员工到功勋员工
2	全面而独特的考核体系	业绩只是小部分，顾客满意度、员工工作激情、后备干部培养等，店长可支配一定的利润来奖励员工
3	多层次薪酬与福利体系	收入由基本工资、工龄工资、奖金、荣誉奖金等构成，为员工父母发放养老金、员工子女上学提供便利等
4	多期股权激励计划	优秀员工、骨干员工以干股的方式入股，享受分红，对于没有拿到股权的员工，是一个巨大的激励作用

当老板赚钱时，总是不想跟其他人分享利益；当企业发展走下坡

路时，做股权激励有用吗？肯定是没用的！

股权激励最好是初创成长期时做好，稳定期分享时也不错。

刚起步的企业，可以拿出 20%~30% 来做股权激励。

企业在成长期，可以拿出 10%~15% 来做股权激励。

企业发展稳定，可以拿出 3%~5% 来做股权激励。

企业衰退期就没必要做股权激励了，因为没有人愿意买了。

股权激励不能白送给员工，这样员工也不会珍惜，没有任何激励作用。股权激励方式有三种：员工购买、员工买 + 公司借、全部借。

对于老高管，可以实股 30%+ 期权或期股 70%，新高管直接给期权或期股激励。

股权激励实施的净利润 = 年度销售额 × 15%

你知道实股、期股、期权、身股的不同吗？看起来差不多，但区别很大！不同的对象，要采取不同的激励方式，而且优劣势也很明显，如表 8-21 所示。打个比方，身股（干股分红）激励像男女恋爱并同居；期权、期股激励相当于谈婚论嫁，进入订婚状态；实股激励则是正式领证、办喜酒后结婚了。

表 8-21　股权激励模式的优劣势

激励工具	分红	增值	决策权	退出
实股	√	√	√	复杂
期股	√	√	×	较复杂
期权	×	√	×	简单
身股	√	×	×	简单
增值权	×	√	×	简单

身股只是干股分红，不需要登记注册，只有分红权，没有决策权，

人在公司就有，人离开公司就没有了。

期权：无分红 +IPO 后变现，是一种“没有现在 + 疯狂未来”的模式，没有 IPO 就相当于废纸一张。所以，做期权激励至少要满足以下三个条件中的两条：一是有 IPO 计划；二是至少有专业投资机构投资过；三是公司已经 IPO。这种模式大多数互联网公司都喜欢采用。

期股 = 身股（干股）+ 期权，解决了眼前短期分红利益，也解决了长期资本套利问题。

实股，都有分红、决策权和增值空间，一般给入职 5 年以上，中层干部，能力优秀，陪公司走过风风雨雨的人。

说好的股权激励政策，必须按时兑现，否则就没人会跟你一起打江山了。

股权激励所得如何发放呢？最好不要一次性发放，这样有可能人就走了。

如果说常见的是按 3 年来发放，可以按 20%、30%、50% 的比例来进行发放，这样更加容易留住人。当然，按 50%、30%、20% 的比例发放也可以，还有每年按 33.3% 平均发放的。

分红在每年的 1 月 30 日准时发放，公司代扣代缴个人所得税。

中间因个人原因离开公司的，原则上视其自动放弃剩余分红。

个人有违法行为，也将取消剩余分红资格。

◎如何确定股权激励的授权日

在分批集中对股权激励对象集中授权的前提下，授权日的确定应考虑以下因素：

（1）授权日应当是工作日，在非工作日授权会引起不必要的麻烦。

（2）授权日与企业考核日期相适应，最好在考核日期之后或者之前。

（3）授权日与企业战略目标的起始日一致，这样会使企业的战略目标与股权激励计划在时间的安排上相对应。

在对具体激励对象滚动性地授予股权激励标的的前提下，可以防止激励对象到期一次性套现获利出局，又可以使得股权激励对象不时地获得股权激励的收益，从而形成有效的股权激励机制。在此种激励模式下，具体授权日的确定可以参考以下日期：

（1）激励对象受聘日。当激励对象被聘为公司的董事、高管和核心技术人员时，董事会如果认为有必要向受聘人授予股权激励的，受聘日即可以作为授权日，从一开始就将新聘员工纳入股权激励计划。

（2）激励对象确定晋升之日。激励对象的晋升，说明激励对象对公司而言更重要，在激励对象确定晋升之日即将激励对象纳入激励范围，予以股权激励标的。这是给予激励对象的一种长期激励，也使得激励对象的命运与公司的命运紧密地联系在一起。

（3）激励对象接管公司重要项目或分公司之日。这是比较合适的时间，可以把公司的激励政策一并公开并宣导，以起到鼓舞士气的作用。

（4）激励对象取得研发技术成果之日。这是一个重要的里程碑，体现了科研成果的贡献值，是十分适合的授权时机。

（5）激励对象业绩评定之日。作为营销负责人，一切以业绩结果说话，当评定业绩成果的时候，就是很好的授权时间。

特别说明的是，股权激励实施需要以下成本：

（1）聘请外部专家：一般 20 万 ~50 万元，水平不一样价格也不一样。

（2）项目组人员工资：可以不额外支付，按原工资和工作量计算。

（3）激励标的：不支付对价的，要提前预算费用额度。

（4）注册费用：主要是有限合伙企业的费用。

◎几种常见的股权授予模式

股权授予制度：主要作用是防止合伙人中途退出。在创业过程中，我们刚开始歃血为盟，要拼出一番事业，但是中间可能因为主观或客观的因素离开创业团队。几种常见的股权授予模式，如表 8-22 所示。

表 8-22　几种常见的股权授予模式

序号	授予标准	授予方式
1	按年授予	A、B、C 合伙创业，股比是 6∶3∶1。做着做着，C 走了。他手上还有 10% 的股份，如果项目做起来了，他等于坐享其成，这样对团队里的其他人不公平。这时候，就可以实行股权授予制度，事先约定，股权按 4 年授予来算，一起干 4 年，预估 4 年企业能授予完成。不管以后怎样，每干一年就授予 25%，C 干满一年整离开了，他可以拿走 2.5%（10% × 1/4）的股份，剩下的 7.5% 就不是 C 的了。剩下的 7.5% 有几种处理方法：第一种，强制分配给所有合伙人；第二种，以不同的价格按公平的方式给 A 和 B，这样 A 和 B 还可以重新找一个人代替 C 的位置
2	按项目进度授予	产品测试、迭代、推出、推广，达到多少的用户数……这种方式对于一些自媒体运营的创业项目比较有用。不过也要依实际情况而定，有可能一年之内就做到 100 万的粉丝，这种情况下为什么不让我授予
3	按融资进度授予	这个进度可以印证产品的成熟，这是来自资本市场，即外部的评价，可以实现约定完成融资时 A 得多少、B 得多少、C 得多少
4	按项目的运营业绩（营收、利润）授予	觉得团队能赚钱就投钱。在这种情况下，可以根据业绩进行约定。这里还会遇到一个问题，如果股权不授予怎么办？假如我是 B，占 30% 股份，虽然只干了一年，或者刚开始干，但是我的股东权利不受影响，包括分红、表决、选举等方面不受影响

续表

序号	授予标准	授予方式
5	退出价格的问题	离开后，可按合伙人掏钱买股权的价格一定溢价来回购，或退出合伙人按照其持股比例可参与分配公司净资产或净利润的一定溢价，也可按公司最近一轮融资估值的一定折扣价回购

哪些情况下股权不授予呢？

（1）主动离职，股份必须让出来。

（2）因自身原因无法履职。股东因为自身的原因，比如身体、能力问题、操守、观念、理念等不能履职的，要把股份让出来。

（3）故意和重大过失。在一些重要的岗位做出伤害运营利益的事情，这种情况下会被解职离开。

（4）离婚、继承等。在项目推进过程中，会遇到比如合伙人夫妻离婚、犯罪、去世等情况，这些都会导致合伙人退出，创业团队应提前设计法律应对方案，以减少对项目的影响。

离婚：如果合伙人夫妻之间没有做财产约定，那么股权依法属于夫妻共同财产。如 A 合伙人离婚，他所持有的股权将被视为夫妻共同财产进行分割，这显然不利于项目的开展。这里可以引入“土豆条款”。土豆上市时因为离婚的事情导致 IPO 受到影响，所以有了一个土豆条款——约定股权归合伙人一方所有。在合伙协议里，我建议约定特别条款，要求合伙人一致与现有或未来配偶约定股权为合伙人一方个人财产，或约定如离婚，配偶不能主张任何权利。

继承：公司股权属于遗产，依我国《继承法》《公司法》规定，可以由其有权继承人继承其股东资格和股权财产权益。但由于创业项目“人合”的特殊性，由继承人继承合伙人的股东资格，显然不利于项目事业。《公司法》未一概规定股东资格必须被继承，假如你的合伙人 C 走了，这时候的继承人如果是他的父母，他们跟你做合伙人肯定是不行的。公司章程可以约定合伙人的有权继承人不可以继承股东资格，只继承股权财产权益。因此，我一般要求创业团队，为确保项目有序、良性推进，在公司章程中约定合伙人的有权继承人只能继承股权的财产权益，不能继承股东资格。

后　记

创业是修行，用心陪你行

这本书其实是很多创业和投资的朋友极力建议我写出来的，因为之前经常做投资尽调，投的项目有失败的，也有极少数成功的，自己觉得功力不够，还需要向很多优秀创业者和投资前辈学习。同时我也积累了一些创业融资的心得，便将心得整理成这本书。

在做投融资的历程中，结识了很多优秀的创业者，他们给予我无限的信赖。我也总是分享自己对于创业与融资的心得，希望帮他们更快融资、企业经营更加顺利。

感谢给予本书极力支持和鼓励的朋友们，特别是博瑞森的张本心和李俊丽，第二本书《投融资：一本顶百本》也将很快与各位见面，愿创业融资路上，温暖与你同行！

感谢写推荐词的孙东升、蒲逊、任俊照、韩雪松、刘小黑、李双清先生和袁宏伟女士，感谢郑长春先生，感谢我的父母、爱人，特别是两个女儿给予我的莫大精神支持！

杨军于深圳

2021 年

老板·创业			
一、经理人			
书名	**内容**	**书名**	**内容**
老总有想法，高层有干法 王清华　著	企业将、帅之间的定位问题、角色问题、方法问题、思维问题、管理问题等	**历史深处的管理智慧1：组织建设与用人之道** 刘文瑞　著	通过历史鉴照当今企业选人用人、二代接班人、创业团队管理等问题
历史深处的管理智慧2：战略决策与经营运作 刘文瑞　著	通过历史鉴照当今企业决策、战略规划、战略冒进、决策监督等问题	**历史深处的管理智慧3：领导修炼与文化素养** 刘文瑞　著	通过历史鉴照当今企业的领导修养、用权、管理风格等问题
老板经理人双赢之道 陈明　著	经理人怎么选平台、怎么开局，老板怎样选/育/用/留		
二、用人			
用好骨干员工 王敏　著	系统化分享关键人才打造与激励方法	**领导这样点燃你的下属** 孟广桥　著	领导者如何才能让员工积极主动地工作
让用人回归简单 宋新宇　著	帮助管理者抓住用人的要害，让用人变得简单	**激活新生代员工** 史量　孙斌　著	走进新生代的世界，一套行之有效的管理、激活90后、95后、00后的方法
三、转型·创业			
创业要过哪些坎 董坤　著	15年创业咨询经验总结的创业遇到的问题及办法	**高潜牛人** 董坤　著	创业和事业发展中如何找到牛人
成为下一个SaaS独角兽 崔牛会　主编	19位SaaS领专家，7个不同的视角总结SaaS行业实践	**创模式：23个行业创新案例** 段传敏　著	CEO社群23位企业家的思考与实践分享
重生——中国企业的战略转型 施炜　著	本书对中国企业战略转型的方向、路径及策略性举措提出了建议和意见	**7个转变，让公司3年胜出** 李蓓　著	企业估值、业务模式、营销、生产制造、客户服务、用户黏性、组织管理7个转变
企业二次创业成功路线图 夏惊鸣　著	五步骤给出了一幅企业二次创业经营突破、管理提升的成功路线图	**跟老板"偷师"学创业** 吴江萍　余晓雷　著	如何通过"偷师"学习与积累当老板的阅历
公司由小到大要过哪些坎 卢强　著	企业成长路线图，现在我在哪儿、未来还要走哪些路都清楚了	**跳出同质思维，从跟随到领先** 郭剑　著	66个精彩案例剖析，帮助老板突破行业长期思维惯性
极速增长：企业扩张策略 董坤　著	以"8shoes扩张法则"为思考框架，帮助处于这个阶段的创业公司及以创业公司形式孵化的变革型项目做出清晰的战略选择		
企业经营			
经营打造你的盈利系统 高可为　著	选择最有效的经营策略，打造属于自己的商业模式	**中国企业的觉醒** 王涛　著	企业告别自私、野蛮，转向善良、爱，才会赢得消费者
成为敏感而体贴的公司 王涛　著	未来有竞争力的企业，一定是那些敏感而体贴的公司	**有意识的思考** 王涛　著	对头脑中固有观念保持觉察，从而超越它们的局限
简单思考 孔祥云　著	著名咨询公司（AMT）CEO创业历程中的经验与思考	**写给企业家的公司与家庭财务规划** 周荣辉　著	以企业的发展周期为主线，介绍各阶段企业与企业主家庭的财务规划

续表

书名	内容	书名	内容
从10亿到100亿的企业顶层设计 刘建兆　著	重新定义企业成长方式，有效益、有效率、有效能、有效果、有品质的良性成长	**活系统：跟任正非学当老板** 孙行健　尹贤　著	造活系统，使系统活，靠系统活，活的系统
宗：一位制造业企业家的思考 刘建兆　著	发展20年营业额近亿元制造业企业家的思考与心得	**使命：驱动企业成长** 高可为　著	用大企业发展轨迹及企业家的心路历程，揭示企业成长的基因、做事的逻辑
让经营回归简单 宋新宇　著	战略、客户、产品、员工、成长、经营者的经营法则	**边干边学做老板** 黄中强　著	86个案例讲述中小公司成长过程中遇到的问题和方法
盈利原本就这么简单 高可为　著	跨越业务与财务边界，为企业提高盈利水平提供方法	**战略参谋：写出管用的战略报告** 蔡春华　著	企业对自己、市场、行业其实了解更深，助你高质量完成战略规划
不战全胜：给企业家读的孙子兵法 王吉坤　杨伟霞　著	从《孙子兵法》提炼和总结了帮助企业打造行业龙头品牌的体系	**公司离不开的全栈运营高手：产品运营与推广获客** 王虎　著	涉及运营案例、思维理论、实操复盘、管理方式、推广策略等，是作者八年运营推广经验的浓缩
公域引流　私域经营：这样经营用户关系 王庆云　汪洋　著	为大中型企业提供私域建设的顶层和全景式框架，探索不同业务特性可能适配的不同私域模式	**平台生态：价值创造与价值获取** 彭毫　罗珉　著	厂商之间的竞争已经从产品转到平台，如何创造新的价值创造和获取模式，是企业最想得到的答案
合伙制经营：有效激励，而不丧失控制权 胡八一　著	重点阐述实施合伙制的流程，通过四步为企业家提供一种有效激励而不丧失控制权的工具和方法	**机制创造人才** 彭剑锋　尚艳玲　著	华夏基石专家团著作，为个体赋能，经营人成就人，进行机制创新和价值管理
企业融资：投资人没告诉你的那些事 杨军　著	资深投资人揭示融资“潜规则”，让企业有的放矢		
管理·管理学			
一、企业管理			
让管理回归简单 宋新宇　著	从目标、组织、决策、授权、人才、老板自己等提供方案	**管理的尺度** 刘文瑞　著	西医式的体检化验，又要施加中医式的望闻问切
管理：以规则驾驭人性 王春强　著	人性驾驭角度权度运筹安排的可兑现性，管理有效性	**看电影，学管理** 刘文瑞　著	十六部电影的解读，揭示电影内含的管理之道
好管理　靠修行 曾伟　著	从佛法、道法思想中寻找管理智慧	**公司大了，怎么管** 金国华　著	成长型企业发展中的共性问题，通过案例实录解开
低效会议怎么改 王玉荣　葛新红　著	从梳理公司会议体系的层面改变低效会议的现状	**年初订计划年尾有结果** 郭晓　著	总结七步落地方案让战略计划切实落地实现
分股合心 段磊　周剑　著	围绕股权激励，详细介绍相关知识和实行方法	**员工心理学超级漫画版** 邢雷　著	以漫画形式对组织中个体心理的全面介绍和深入探讨
让投诉客户满意离开 孟广桥　著	投诉法律法规，应对各种投诉技巧等提升客诉能力	**管理就是定计划，抓落实** 张国祥　著	员工“看了就会、拿来就用”的计划制订操作指南
不读韩非子，怎么当老板 王春强　著	通过集中分析有关人性的内容，引导现代管理者更深理解人性是如何影响企业运行，以及管理者应如何因人性而实施管理	**重新想象组织** 彭剑锋　尚艳玲　著	华夏基石专家团著作，通过组织变革逐步进化，找到成长之道，让企业可持续发展

续表

书名	内容	书名	内容
战略管理有方法 和恒咨询　著	结合中国企业实践总结的一套独创性、实操性的战略方法，100+工具轻松做战略	**高管如何为公司创造高增长** 彭剑锋　尚艳玲　主编	战略驱动着企业成长，企业又该如何突破增长的瓶颈
二、管理思想			
管理学的奠基者 刘文瑞　著	近代以来的管理思想发展揭示管理思想的演化奥秘	**巴纳德组织理论研读** 郭威　著	深度研读巴纳德《经理人员的职能》，帮你理解和看懂
管理学在中国 刘文瑞　著	科学看待管理学流入中国，对继承发展进行深入的阐述	**德鲁克管理学** 张远凤　著	以德鲁克管理思想发展为线展示20世纪管理学的发展
德鲁克与他的论敌们 罗珉　著	德鲁克与马斯洛、戴明等诸多管理大师论战的故事	**德鲁克管理思想解读** 罗珉　著	全面解构德鲁克思想的精髓与实践价值
治论：中国古代管理思想 张再林　著	深入分析中国古代哲学基本精神的基础上，梳理分析了儒法墨三家的管理思想	**流程经理10年案例笔记** 王焕东　著	用自身工作和生活中的鲜活案例及思考后的心得呈现不一样的流程管理思想
透过决策看组织 李慧才　著	对西蒙管理行为进行贴近企业的通俗化解析和阐释	**为什么高管爱读德鲁克** 王鹏　著	辅助深读德鲁克、提升管理认知
营销・销售			
一、企业销售			
大客户销售这样说这样做 陆和平　著	大客户销售活动的十大模块，68个典型销售场景	**向高层销售** 贺兵一　著	销售人员与客户高层打交道需要重点掌握的知识、技巧
资深大客户经理 叶敦明　著	将大客户经理必须具备的规划、策略、执行三种能力运用自如	**成为资深的销售经理** 陆和平　著	让销售经理成功把握销售管理的6个关键点，并提供工具
销售是个专业活 陆和平　著	据客户采购流程拆分销售过程十阶段，讲解方法技巧	**学话术　卖产品** 张小虎　著	手机、电动车、家电、食品等消费品的一线销售话术
工程项目大客户销售攻略 陆和平　著	三十八讲循序渐进，全方位透视工程大项目拿单的奥秘，通俗易懂，看了就能用	**大客户销售谈判：获得利润的最快途径** 陆和平　著	从不会谈判到成为谈判专家，帮助你在与大客户的谈判中轻松说服对方，实现从一次成交、成本价成交到高价成交、持续成交的转变
二、企业营销			
新营销组织力 迪智成　著	适应最新数字化外部环境，系统化协同组织能力建设	**营销按钮** 老苗　著	讲述存在于人性及各个营销环节中的“按钮”
精品营销战略 杜建君　著	“精品营销战略”核心逻辑与营销组合策略	**360°谈营销** 王清华　古怀亮　著	营销是立体的，从不同角度观察不同企业的营销精髓
互联网精准营销 蒋军　著	互联网时代整体策划、包装品牌和产品	**招招见销量的营销常识** 刘文新　著	做好基本的营销动作都可以提高销量、降低成本
用数字解放营销人 黄润霖　著	用数字说话覆盖营销工作的方方面面	**用营销计划锁定胜局** 黄润霖　著	让营销计划落地，营销人员只需解决两个问题：基数与概率

续表

书名	内容	书名	内容
我们的营销真案例 联纵智达研究院　著	五芳斋粽子、诺贝尔瓷砖、利豪家具、保健品、娃哈哈	**中国营销战实录** 联纵智达研究院　著	51个案例，46家企业，46万字，18年积淀
弱势品牌如何做营销 李政权　著	产品与物流通道、服务通道、促销互动通路，提供方法	**解决方案营销实战案例** 刘祖轲　著	十大工业品作者实操案例解码解决方案营销
升级你的营销组织 程绍珊　吴越舟　著	根据企业的实际情况建立有机性营销组织	**变局下的营销模式升级** 程绍珊　叶宁　著	十年大量案例归纳三种核心驱动要素、三种升级方向
老板如何管营销 史贤龙　著	十六个招式，理论与案例相结合，高段位营销方法	**孙子兵法营销战** 刘文新　著	理解《孙子兵法》原意的同时，还可体悟到营销之用
新营销2.0：从深度分销到立体连接 刘春雄　公方刚 牛恩坤　等著	立体连接打通三度空间，在互联网时代诞生快消品领域的超级巨头		
三、品牌			
中国品牌营销十三战法 朱玉童　著	深度演绎最符合企业品牌营销策划的十三套实战战法	**中小企业如何打造区域强势品牌** 吴之　著	从如何建立强势品牌的角度解析扩张难题
小众战略：小资源打造强势品牌 吴修利　著	从品牌观念、市场调研、竞争机会、内部调整等角度，对产品、渠道、传播等核心原则进行了系统梳理	**把品牌建在顾客心里：4步实现品牌IP化** 张学军　著	让品牌自带话题，自主传播
四、营销策划			
这样写文案，就没有卖不动的产品 秦剑　刘安丽　著	术、法、道三个层面由浅至深培养商业文案创作能力	**洞察人性的营销战术** 沈坤　著	介绍了28个匪夷所思的营销怪招，大部分可以直接运用
双剑破局：沈坤营销策划案例集 沈坤　著	双剑公司8年来的实操案例，每个项目诞生过程、策划角度和方法	**社区团购就这么干：供应商•平台•团长•用户** 陈海超　杨顶刚　著	分享最新实践经验，一看就懂，照着就能做
企业案例			
鲁花：一粒花生撬动的粮油帝国 余盛　著	鲁花如何成长为优秀的带动农业产业发展的品牌，鲁花你一定学得会	**金龙鱼背后的粮油帝国** 余盛　著	以金龙鱼为脉的一部中国粮油行业的史诗
你不知道的加多宝 曲宗恺　牛玮娜　著	以时间为轴线，详细叙述了加多宝品牌的发展历程	**静水流深** 黄治国　著	作者在美的十五年对何享健内部讲话资料的整理
娃哈哈区域标杆 罗宏文　快车君 赵晓萌　寇尚伟　著	讲娃哈哈豫北市场如何成为娃哈哈全国第一大市场、全国增量第一的市场	**借力咨询：德邦成长背后的秘密** 官同良　王祥伍　著	德邦将自己积累的与咨询公司发展共赢的合作逻辑和盘托出
六个核桃凭什么从0过100亿 张学军　著	全视角深度解读养元企业的裂变成长，复盘十年蜕变轨迹	**像六个核桃一样** 王超　著	六个核桃为什么卖得这么好，产品畅销的6大要义36条简明法则

续表

书名	内容	书名	内容
中国首家未来超市 IBMG 集团　著	对乐城超市的掌门人及内部员工的采访详细阐释了乐城的经验	**三四线城市超市如何快速成长：解密甘雨亭** IBMG 集团　著	甘雨亭的许多关键经营指标均高于行业标准，学习其成功的方法
集团化企业阿米巴实战案例 初勇钢　著	作者在某酒厂推行阿米巴经营模式的心得		
经销商			
新经销：新零售时代教你做大商 黄润霖　著	探访近 100 位经销商在传统营销手法上的创新，传统营销微创新和新营销本地化	**商用车经销商运营实战** 杜建君　王朝阳 章晓青　著	对商用车经销商的经营与管理、4S 店运营做了全方面的总结
跟行业老手学经销商开发与管理 黄润霖　著	从管理耐用消费品经销商角度提炼了 48 个代表性问题并给出解决办法	**快消品经销商如何快速做大** 黄润霖　著	经销商如何通过经营实现规模，通过管理实现规模效益
建材家居经销商实战 42 章经 王庆云　著	经营管理的心法和战法，帮助经销商成为"业务妙手"和"管理能手"	**成为最赚钱的家具建材经销商** 李治江　著	针对建材家居行业的经销商，从销售模式、产品、门店、市场等方面给出方法
白酒经销商的第一本书 唐江华　著	对经销商如何选择厂家、合作、运营品牌等问题给出建议	**快消品招商的第一本书** 刘雷　著	从招商理论到招商动作进行系列化分解，化繁为简
大商方法：榜样经销商与厂家的合作之道 唐道明　著	洞察厂商合作的核心，为经销商提供可行的方法，手把手教你做大商	**快消品经销商成功密码** 舟谱商学院　著	通过 8 个真实经销商案例，分享快消品经销商成功经验与方法
中小企业			
中小企业如何打造区域强势品牌 吴之　著	从如何建立强势品牌的角度解析扩张难题	**用流程解放管理者** 张国祥　著	8 个板块构成，共 66 篇文章，14 幅流程管理图
用流程解放管理者 2 张国祥　著	对中小企业规范化流程管理进行系统的阐述	**弱势品牌如何做营销** 李政权　著	产品与物流通道、服务通道、促销互动通路提供方法
本土化人力资源管理 8 大思维 周剑　著	用最贴近中国中小企业现实管理情境的案例讲述周围人的"家事"	**中小农业企业品牌战法** 韩旭　著	农业企业需要全产业链视野，更需要品牌实战方法
门店管理			
门店销售冠军复制系统 王吉坤　著	门店型企业如何打造可复制的销售冠军系统	**新零售动作分解与实操：建材·家居·家具** 盛斌子　著	对泛家居行业趋势、店面管理、团队管理、促销推广、五感营销等提供策略
家具建材促销与引流 薛亮　李永锋　著	对泛家居营销执行模式和工具、关键环节等进行汇总	**建材家居门店 6 力爆破** 贾同领　著	产品力、导购力、形象力、推广力、服务力、组织力
家具行业操盘手 王献永　著	总结家具终端门店发展的现状及问题并给出策略	**手把手教你做专业督导** 熊亚柱　著	系统梳理督导的核心技能，岗位职责、工作流程及技能

续表

书名	内容	书名	内容
手把手帮建材家居导购业绩倍增 熊亚柱　著	针对建材家居门店的业务人员，用案例故事还原场景教你成为好导购	**10 步成为最棒的建材家居门店店长** 徐伟泽　著	梳理店长管理的核心工作职责、店面管理规范，帮助销售人员成长
建材家居门店销量提升 贾同领　著	9 个板块讲述建材门店一个单店如何做到经营的良性循环	**总部有多强大，门店就能走多远** IBMG 集团　著	五大方向综合阐述连锁零售企业总部如何提升管理能力
赚不赚钱靠店长，从懂管理到会经营 孙彩军　著	注重专卖店的经营思路拓展、门店管理细节方面能力的提升	**新医改了，药店就要这样开** 尚锋　著	从药店定位的思考，内部和会员管理等方面探讨中小型药店发展方向
电商来了，实体药店如何突围 尚锋　著	新时代药店经营的三驾马车：药学专业服务、会员贴心服务和精准定向促销	**引爆药店成交率 1：店员导购实战** 范月明　著	药店人的零售工作，怎样接待顾客，完善销售技巧
引爆药店成交率 2：药店经营实战 范月明　著	从药店经营角度建立改善门店现状的实用标准	**引爆药店成交率：专业化销售解决方案** 范月明　著	从简单的拿药服务到提供多角度的专业解决方案
口腔门诊盈利倍增：精益口腔 杨伟霞　王吉坤　著	为口腔门诊定制业绩提升管理系统并落地实施		
		互联网	
一、互联网转型			
画出公司的互联网进化路线图 李蓓　著	18 个“可以……吗”的问题作为产品、客户和价值方面的指引牌	**7 个转变，让公司 3 年胜出** 李蓓　著	企业估值、业务模式、营销、生产制造、客户服务、用户黏性、组织管理 7 个转变
重生战略移动互联网和大数据时代的转型法则 沈拓　著	四个重生战略对应四个法则，告知传统企业的转型重生之路	**创造增量市场：传统企业互联网转型之道** 刘红明　著	为读者提供了寻找这些互联网的切入点和接触点的具体方法，带来增量市场
互联网 + 变与不变 本土管理实践与创新论坛　著	61 篇精华文章，聚焦传统行业如何互联网 + 时代转型	**今后这样做品牌** 蒋军　著	顶层设计、营销创新、产品战略、渠道变革、品牌策略
移动互联新玩法 史贤龙　著	立足现实，剖析新时代背景下的移动互联趋势与热点	**互联网时代的成本观** 程翔　著	多维组合成本的互联网精神和大数据特征及应用
正在发生的转型升级实践 本土管理实践与创新论坛　著	100 多位本土管理专家当年对最新一年的思考和实践	**1000 铁杆女粉丝** 张兵武　著	如何让普通女性成为忠实追随的铁杆粉丝，磁力点、情感结、甜蜜区、信任圈
混沌与秩序 Ⅰ：变革时代企业领先之道 彭剑锋　施炜　苗兆光　王祥伍　孙波　夏惊鸣	新环境下企业面临变革应如何应对，企业家如何坚守并与企业共同成长	**混沌与秩序 Ⅱ：变革时代管理新思维** 彭剑锋　施炜　苗兆光　王祥伍　孙波　夏惊鸣	对处于时代变革下的企业管理新机制、人力资源管理新思维，组织与人的新型关系，结合案例提出优化建议
消费升级：实践·研究 本土管理实践与创新论坛　著	从经营、管理、行业三个方面记录消费升级下的实践	**互联网精准营销** 蒋军　著	互联网时代整体策划、包装品牌和产品
智能推荐：让你的业务千人千面 刘国昊　周波　著	从资讯、电商、文娱行业来详细讲解智能推荐的应用，用户时间的争夺战	**制造业外贸营销网站建设** 宋金亮　著	介绍整个网站从无到有的实现过程，从分析思路、撰写内容到规划页面，列举了大量正反面实例，帮助读者理解和投入实践

续表

二、抖音、微信微商、电商			
书名	内容	书名	内容
抖音营销系统 刘大贺　著	抖音系统的实战营销知识，上百个从0做大的案例	金牌微商团队长 罗晓慧　著	微商团队长创业实操的指导工具书
微商生意经：真实再现33个成功案例操作全程 伏泓霖　罗晓慧　著	精心挑选的33个微商成功案例，阐述具体操作过程	快速见效的企业微信营销方法 孙巍　著	站在微信生态的立体高度系统讲述企业微信快营销方法论
阿里巴巴实战运营：14招玩转诚信通 聂志新　著	产品定位、阿里巴巴排名因素、数据分析、标题优化等	阿里巴巴实战运营2：诚信通热卖技巧 聂志新　著	打开诚信通运营的金钥匙，十大具体运营技巧
三、行业新营销			
餐饮新营销 杨勇　程绍珊　著	聚焦餐饮企业转型，系统的餐饮企业营销管理体系	新零售进化路径 李政权　著	预先复盘新零售及商业的未来，找到方向
珠宝黄金新营销 崔德乾　著	珠宝业新营销/新品牌/新产品/新零售/新连接/新场景/新服务/新传播/新管理	新经销：新零售时代教你做大商 黄润霖　著	探访近100位经销商在传统营销手法上的创新，传统营销微创新和新营销本地化
新零售动作分解与实操：建材·家居·家具 盛斌子　著	对泛家居行业趋势、店面管理、团队管理、促销推广、五感营销等提供策略	新营销 刘春雄　著	让品牌商和渠道商掌握获得独立流量的能力，能够与平台商博弈
快速见效的企业网络营销方法 B2B　大宗 B2C 张进　著	数据和案例90%来自作者服务的中小企业，快速全面地学习企业网络营销方法	移动互联下的超市升级 联商网专栏　著	超市未来的发展趋势，对社区超市、生鲜、全渠道建设、O2O等提出观点
百货零售全渠道营销策略 陈继展　著	零售行业的竞争重点、行业本质、战略转型、未来趋势、经验和案例	互联网时代的银行转型 韩友诚　著	银行业在互联网金融变革浪潮中所做的积极应对和转型布局
触发需求：互联网新营销样本·水产 何足奇　著	通过鲜誉案例解读阐述水产行业如何进行互联网转型	新农资如何弯道超车 刘祖轲　著	从农业产业化、互联网转型、行业营销与经营突破四个方面阐述农资企业转型
新零售　新终端 迪智成　著	将新零售系统打法做梳理并落地在新终端建设上		
医药医疗			
一、药店			
新医改了，药店就要这样开 尚锋　著	从药店定位的思考、内部和会员管理等方面探讨中小型药店发展方向	电商来了，实体药店如何突围 尚锋　著	新时代药店经营的三驾马车：药学专业服务、会员贴心服务和精准定向促销
引爆药店成交率1：店员导购实战 范月明　著	药店人的零售工作，怎样接待顾客，完善销售技巧	引爆药店成交率2：药店经营实战 范月明　著	从药店经营角度建立改善门店现状的实用标准
引爆药店成交率：专业化销售解决方案 范月明　著	从简单的拿药服务到提供多角度的专业解决方案	连锁药店新风口：资本　智能　大数据 动脉网　著	对我国连锁药店的市场环境、行业现状等进行分析，给出对连锁药店未来发展趋势的预判
药店导购关联销售技巧与成交话术 范月明　著	以药店情景案例导入，介绍常见疾病的导购销售话术与顾客心理分析，进而提供关联销售解决方案		

续表

二、药品销售			
书名	内容	书名	内容
医药第三终端：从控销到动销 诊所 基层医疗 王祥君 张芳文 著	用大量案例来梳理药企落地动销的策略、方法和技战术	**医药营销：诊所开发维护与动销** 张江民 著	从六个方面系统阐述基层诊所市场营销攻略
处方药合规推广实战宝典 赵佳震 著	对处方药推广体系搭建、推广人员岗位内容等六个方面进行阐述	**医药代理商经营全指导** 戴文杰 著	从产品选择、价格体系设计、路径管理等维度描述代理商产品操作的基本策略
处方药零售这样做 田军 著	处方药零售的重要性及做市场的具体措施和方法	**OTC 医药代表药店开发与维护** 鄢圣安 著	一位从初级 OTC 医药销售代表成长起来的销售经理的经验分享
OTC 医药代表药店销售 36 计 鄢圣安 著	以《三十六计》为线，阐述 OTC 医药代表向药店销售的技巧与策略	**做医生信赖的医药代表** 邹晓徽 宁剑锋 朱文虎 著	医药代表如何在合规要求下做好药品推广工作的操作工具书
三、药企转型			
药企战略 · 运营与医药产业重构 杜臣 著	医药产业的深度认知与发展趋势结合，战略思考与经营操作相统一	**医药行业大洗牌与药企创新** 林延君 沈斌 著	围绕创新介绍医药行业，介绍近百家医药企业创新实践案例
医药新营销 史立臣 著	从药企最关心的八个方面阐述制药企业、医药商业企业营销模式转型	**医药企业转型升级战略** 史立臣 著	从商业模式转型、管理转型、定位转型、运营模式转型和跨界转型五方面阐述转型
新医改下的医药营销与团队管理 史立臣 著	立足新医改相关政策的解读，为中小医药企业出谋划策	**在中国，医药营销这样做** 段继东 著	时代方略在医药营销领域思想、方法文章的精选合集
四、新医疗			
成为医疗器械领军者 王强 著	中小医疗器械生产企业和代理商怎样转型	**新型诊所经营与创新** 动脉网 著	对新型诊所从标准化管理、经营方式、团队建设、连锁模式四个方面进行解读
医美新风口：颜值经济下的亿万市场 动脉网 著	详细介绍中国医疗美容行业的发展趋势、现状及医美产业链等	**互联网医院：正在发生的医疗新变革** 动脉网 著	介绍互联网医院的建设与运营、管理，发展模式和市场布局，以及发展规律
快消品			
一、快消案例			
中国快消品营销这些年 史贤龙 著	一本书浓缩快消品营销 15 年的实战历程与前沿思考	**这样打造大单品** 迪智成 著	通过 13 个大案例帮助企业梳理打造大单品的路径
你不知道的加多宝 曲宗恺 牛玮娜 著	以时间为轴线，详细叙述了加多宝品牌的发展历程	**娃哈哈区域标杆** 罗宏文 快车君 赵晓萌 寇尚伟 著	娃哈哈豫北市场如何成为娃哈哈全国第一大市场、全国增量第一的市场
六个核桃凭什么从 0 过 100 亿 张学军 著	全视角深度解读养元企业的裂变成长，复盘十年蜕变轨迹	**像六个核桃一样** 王超 著	六个核桃为什么卖得这么好，产品畅销的 6 大要义 36 条简明法则

续表

书名	内容	书名	内容
5小时读懂快消品营销 陈海超　著	20年快消品市场风云洞察解码，丰富的案例解析		
二、快消品区域经理			
快消品营销团队管理 刘雷　伯建新　著	快消品团队管理相关的20余个工具+20余个案例	**这样打造快消品区域标杆** 罗宏文　牛玉龙　著	分两篇解决如何成功打造标杆市场和进行持续增量管理两大问题
成为优秀的快消品区域经理（升级版） 伯建新　著	作为区域经理的"速成催化器"，升级版增加11篇内容	**快消老手都在这样做：区域经理操盘锦囊** 方刚　著	一线成长起来的资深快消品营销人"压箱底"绝活
快消品营销人的第一本书 刘雷　伯建新　著	针对一线厂家业务员工作中常遇到的问题给予建议	**销售轨迹：一位快消品营销总监的拼搏之路** 秦国伟　著	一个普通营销人的故事，16年背井离乡的职场拼搏之路
快消品营销：一位销售经理的工作心得2 蒋军　著	从市场操作、团队管理、传播推广、营销的具体策略和战略等方面提供方法	**快消品区域/城市经理全渠道管理** 许翔　著	一位在日化巨头一线打拼多年的城市经理操作经验分享
三、快消品动销			
动销：产品是如何畅销起来的 余晓雷　著	从怎么被消费者买走和竞争对手是谁这两个原点解决动销问题	**动销操盘：节奏掌控与社群时代新战法** 朱志明　著	用七个章节阐述关于动销操盘的要诀，节点、节奏、主次、条件匹配性等问题
动销四维：全程辅导与新品上市 高继中　著	从产品、渠道、促销和新品上市四个方面详细讲解提高动销的具体方法	**快消品经销商这样做才赚钱** 张宇　著	从全新的角度，解读经销商的经营困境，并提供可实操的解决方法
四、快消品渠道			
深度分销 施炜　著	渠道价值链、模式选择、渠道策略与管理、零售经销商管理、最佳实践、团队建设	**通路精耕操作全解** 周俊　陈小龙　著	对康师傅的制胜法宝通路精耕进行系统的介绍与说明，图表和完善入微的操作方法
酒水饮料快消品餐饮渠道营销手册 朱伟杰　著	对餐饮渠道深入挖掘，建立适合餐饮渠道发展的服务模式和组织保障措施	**快消品经销商如何快速做大** 杨永华　著	经销商如何通过经营实现规模，通过管理实现规模效益
快消品营销与渠道管理 谭长春　著	解决日常涉及的渠道管理、市场、产品等营销事务	**快消品招商的第一本书** 刘雷　著	从招商理论到招商动作进行系列化分解，化繁为简
采纳方法：化解渠道冲突 朱玉童　著	21个最新的渠道冲突案例立体地介绍渠道冲突的现象和方法	**快消品促销管理与方案：规划 技能 工具** 张荣举　著	涵盖促销规划、打法、具体落地执行的细节和终端人员技能及训练，结合线上线下运作，提供全套方法
五、快消品企业战略			
重构：升级你的竞争优势 杨永华　著	用7大思维，帮你的企业提升档位	**变局下的快消品实战策略** 杨永华　著	从5个角度针对快消品企业如何应对行业变局给出答案
新营销 刘春雄　著	让品牌商和渠道商掌握获得独立流量的能力，能够与平台商博弈	**采纳方法：破解本土营销8大难题** 朱玉童　著	破解困扰营销人的八大难题，给出解决方法
白酒营销培训宝典：复制高业绩 刘孝轶　著	总结白酒营销人员系统运作市场的要点，转化为易学可复制的动作和工具表单	**酒水饮料快消品餐饮渠道营销手册** 朱伟杰　著	对餐饮渠道深入挖掘，建立适合餐饮渠道发展的服务模式和组织保障措施

续表

书名	内容	书名	内容
白酒			
白酒营销的第一本书 唐江华　著	多角度阐释白酒一线市场操作的最新模式和方法	**白酒经销商的第一本书** 唐江华　著	对经销商如何选择厂家、合作、运营品牌等问题给出建议
白酒到底如何卖 赵海永　著	多角度阐释白酒一线市场操作的最新模式和方法	**白酒到底如何卖2：从市场培育到动销** 赵海永　著	系统化、标准化、模式化的促成动销的实战操作方式和方法
变局下的白酒企业重构 杨永华　著	白酒企业重构期的营销战略与实操策略6大方法	**酒业转型大时代** 微酒　著	酒水营销、新闻资讯及行业分析、预测的知识宝典
区域型白酒企业营销必胜法则 朱志明　著	以36条法则从战略、营销、推广、产品线、品牌、市场、战术等方面提供方法	**10步成功运作白酒区域市场** 朱志明　著	从市场攻守、产品攻略、新品上市、占领渠道、促销等十个层面阐述
白酒营销1：中小酒企操盘与崛起 徐伟　徐涛　著	深入分析品牌与行业、操作方法，提供营销实操宝典	**白酒营销2：品类创新策略升级** 黑格咨询　著	立足行业现状，建立品类创新、营销模式创新路径，提供市场建设方法、营销策略与工具案例
茶·调味品·油·乳业			
营销中国茶：2小时读懂茶叶营销 史贤龙　著	中国茶营销的“困局”“破局”和“创举”	**中国茶叶营销第一书** 柏龑　著	纵览中国茶叶市场的全局，并且有针对性地提出问题并阐述解决方法
调味品营销第一书 陈小龙　著	15年监控中国市场50个中外著名调味品品牌市场运作、管理等的经验总结	**调味品企业八大必胜法则** 张戟　著	提炼了调味品企业八大规律性的关键成功要素
食用油营销的第一本书 余盛　著	从小包装油行业概述到产品的基本知识，从基本执行动作到品牌整体策划等	**鲁花：一粒花生撬动的粮油帝国** 余盛　著	鲁花如何成长为优秀的带动农业产业发展的品牌
金龙鱼背后的粮油帝国 余盛　著	以金龙鱼为脉的一部中国粮油行业的史诗	**乳业营销的第一本书** 侯军伟　著	区域型乳品企业如何才能稳健发展
调味品经销商公司化运营 张戟　著	调味品和快消品经销商如何从“个体户”到“公司化”，一步步推进的具体方法		
工业品			
一、工业品销售			
大客户销售这样说这样做 陆和平　著	大客户销售活动的十大模块，68个典型销售场景	**销售是个专业活** 陆和平　著	据客户采购流程拆分销售过程十阶段、讲解方法技巧
成为资深的销售经理：B2B工业品 陆和平　著	让销售经理成功把握销售管理6个关键点，并提供工具	**一切为了订单：订单驱动下的工业品营销实践** 唐道明　著	以订单流程的三个环节为主线讲述工业品营销管理新思路
订单是这样拿到的 郑文洲　著	作者近10年销售生涯的回顾，真实销售故事和成功经验分享		
二、工业品营销			
工业品营销管理实务（第4版） 李洪道　著	是信任导向工业品营销体系的深化版、工业品营销管理体系优化咨询的升级版	**工业品企业如何做品牌** 张东利　著	为当下中国制造的品牌化转型提供经过实践证明的理念、方法和体系

续表

书名	内容	书名	内容
工业品市场部实战全指导 杜忠　著	解决职能不清、市场部五大职能如何运作、职业发展路径等具体问题	**解决方案营销实战案例** 刘祖轲　著	十大工业品作者实操案例解码解决方案营销
资深大客户经理：策略准　执行狠 叶敦明　著	将大客户经理必须具备的规划、策略、执行三种能力运用自如		
三、工业品企业			
变局下的工业品企业7大机遇 叶敦明　著	探索工业品企业成长的新机会，7大战略与战术性机会	**两化融合管理体系贯标流程与方法** 戴勇　著	融合五十多家企业在两化融合贯标过程的经验，总结重点与举措
丁兴良讲工业4.0 丁兴良　著	多角度阐述中国在工业4.0的机遇和挑战		
建材家居			
一、建材家居门店			
家居建材促销与引流 薛亮　李永锋　著	对泛家居营销执行模式和工具、关键环节等进行汇总	**新零售动作分解与实操：建材·家居·家具** 盛斌子　著	对泛家居行业趋势、店面管理、团队管理、促销推广、五感营销等提供策略
家具行业操盘手 王献永　著	总结家具终端门店发展的现状及问题并给出策略	**手把手教你做专业督导** 熊亚柱　著	系统梳理督导的核心技能、岗位职责、工作流程及技能
手把手帮建材家居导购业绩倍增 熊亚柱　著	针对建材家居门店的业务人员、案例故事还原场景，教你成为好导购	**10步成为最棒的建材家居门店店长** 徐伟泽　著	梳理店长管理的核心工作职责、店面管理规范和帮助销售人员成长
建材家居门店销量提升 贾同领　著	9个板块讲述建材一个单店如何做到经营的良性循环	**建材家居门店6力爆破** 贾同领　著	产品力、导购力、形象力、推广力、服务力、组织力
二、建材家居经销商			
新经销：新零售时代教你做大商 黄润霖　著	探访近100位经销商在传统营销手法上的创新，传统营销微创新和新营销本地化	**建材家居经销商42章经** 王庆云　著	经营管理的心法和战法，帮助经销商成为“业务妙手”和“管理能手”
成为最赚钱的家具建材经销商 李治江　著	针对建材家居行业的经销商，从销售模式、产品、门店、市场等方面给出方法		
三、建材家居企业			
定制家居黄金十年 韩锋　翁长华　著	对中国定制家居行业20年发展历程进行深度、系统、专业的解读	**建材家居营销：除了促销还能做什么** 孙嘉晖　著	探索家居建材行业营销的革命，发现行业“营销天花板”的突破口
建材家居营销实务：新环境、新战法 程绍珊　杨鸿贵　著	针对建材家居市场特点提出以客户价值为基础的整体营销价值链	**全屋整装　高利润运营手册** 翁长华　陈平　著	十大维度解决实际问题，是0到1极具操作性的整装指南
零售·餐饮·服装·影院·美容院			
新零售进化路径 李政权　著	预先复盘新零售及商业的未来，找到方向	**新零售　新终端** 迪智成　著	梳理新零售系统打法并落地在新终端建设上

续表

书名	内容	书名	内容
移动互联下的超市升级 联商网　著	超市未来的发展趋势，对社区超市、生鲜、全渠道建设、O2O等提出观点	**百货零售全渠道营销策略** 陈继展　著	零售行业的竞争重点、行业本质、战略转型、未来趋势、经验和案例
超市卖场定价策略与品类管理 IBMG集团　著	零售企业的市场拓展与商品定位、商品结构与商品陈列、毛利分析与库存分析	**连锁零售企业招聘与培训破解之道** IBMG集团　著	围绕零售企业组织架构、培训体系建设等内容进行探讨
总部有多强大，门店就能走多元 IBMG集团　著	五大方向综合阐述连锁零售企业总部如何提升管理能力	**三四线城市超市如何快速成长：解密甘雨亭** IBMG集团　著	甘雨亭的许多关键经营指标均高于行业标准，学习其成功的方法
中国首家未来超市：解密安徽乐城 IBMG集团　著	对乐城超市的掌门人及内部员工的采访详细阐释了乐城的经验	**零售：把客流变成购买力** 丁昀　著	通过大量的实际案例对中国零售业态的升级转型之路提出思考
餐饮新营销 杨勇　程绍珊　著	聚焦餐饮企业转型，系统的餐饮企业营销管理体系	**电影院的下一个黄金十年** 李保煜　著	介绍了中国电影产业的运作模式及电影院的开发、设计思路
餐饮企业经营策略第一书 吴坚　著	阐述餐饮企业产品之道、市场之道、顾客之道及盈利之道	**赚不赚钱靠店长，从懂管理到会经营** 孙彩军　著	注重专卖店的经营思路拓展，门店管理细节方面能力提升
时装买手自学通 范敏娜　编著	从流行趋势调研、商品企划、采购渠道、数据管理到店铺销售等时装买手需要具备的能力与操盘技巧	**美容院/养生馆高盈利经营模式** 陈鹏飞　著	5步实现店铺高盈利方法与策略
		农牧业	
一、农资			
饲料营销有方法 陈石平　著	饲料营销的7大核心命题	**农资营销实战全指导** 张博　著	在农资市场行之有效的营销策略和工具
新农资如何弯道超车 刘祖轲　著	农业产业化、互联网转型、行业营销与经营突破		
二、农牧企业			
中国牧场管理实战 黄剑黎　著	对牧场管理标准、管理制度、操作规程做出剖析和指引	**中小农业企业品牌战法** 韩旭　著	农业企业需要全产业链视野，更需要品牌实战方法
变局下的农牧企业9大成长策略 彭志雄　著	为农牧企业量身打造了9个立足现在、展望未来的成长策略	**农产品营销实战第一书** 胡浪球　著	针对33个农产品营销的核心问题提供具体招数
农产品全网营销 吴之　著	帮助全国农业合作社、家庭农场打造农产品品牌		
		地产·汽车	
一、地产			
中国城市群房地产投资策略 吕俊博　刘宏　著	挖掘主要城市群的现状特征、发展因子、演化趋势、竞争关系等，给出分析建议	**产业园区/产业地产：规划、招商、实战运营** 阎立忠　著	从认知、规划、招商、运营四方面系统解读产业园区的建设精要和运营技巧
人文商业地产策划 戴欣明　著	“全球化视野（创意）”＋“人文＋”思维	**产业园区/产业地产2：系统化经营与操盘攻略** 阎立忠　著	全方位系统解析产业园区运营策略
从零开始打造产业园区 刘晓君　著	全流程，系统化，注重细节，多角度教你打造产业园区		

续表

二、汽车			
书名	内容	书名	内容
商用车经销商运营实战 杜建君　著	对商用车经销商的经营与管理、4S店运营做了全方面的系统总结	**汽车配件这样卖** 俞士耀　著	适合轮胎、机油、维修、快保、美容、洗车等汽车服务业态销售实操办法
润滑油销售：这样说，这样做更有效 张金荣　著	总结润滑油销售面对三大客户常遇到的200余个营销问题解决方法	**润滑油品牌营销** 张金荣　著	没有说教，只有方法，适合小微企业、代工品牌、经销商、营销人阅读
投资理财·收购资本			
交易心理分析 马克·道格拉斯 【美】　著	一语道破赢家的思考方式，并提供了具体的训练方法	**财报背后的投资机会** 蒋豹　著	零基础轻松掌握财务报表的相关知识，快速入门
写给企业家的公司与家庭财务规划 周荣辉　著	以企业的发展周期为主线，介绍各阶段企业与企业主家庭的财务规划	**分股合心** 段磊　周剑　著	围绕股权激励，详细介绍相关知识和实行方法
成功并购300问 浩德并购军师联盟　著	系统学习资本运作和企业并购知识的金融工具书	**并购名著阅读指南** 叶兴平　著	从全球5000多本并购图书中精选200本并进行评价
避开股权合伙这些坑 苏雯静　著	根据创始合伙人、外部合伙人、内部合伙人等方面的实际案例做归纳和梳理	**产业并购操盘手** 张军杰　著	15个案例，11个范本，38个图表，拿来即用
科创板IPO上市全流程指导 丁先云　刘海旭　著	不仅有各项制度的深入剖析，更有各种问题和解决方案的详细论述，配合案例，轻松操作		
阿米巴			
阿米巴经营的中国模式 李志华　著	基于阿米巴经典理念提出了适合中国本土的员工自主经营的“1532”模型	**集团化企业阿米巴实战案例** 初勇钢　著	作者在某酒厂推行阿米巴经营模式的心得
中国式阿米巴落地实践之激活组织 胡八一　著	划分原则、裂变与整合、组织管控、重新定位、巴长竞聘和组阁	**中国式阿米巴落地实践之从交付到交易** 胡八一　著	从6个方面阐述经营会计，从交付到交易是成功实施阿米巴的标志
中国式阿米巴落地实践之持续盈利 胡八一　著	企业做成平台、平台做成阿米巴、阿米巴做成合伙制		
人力资源管理			
一、绩效·薪酬			
回归本源看绩效 孙波　著	从目的和概念帮助企业梳理绩效管理与经营的关系	**走出薪酬管理误区** 全怀周　著	从7个常见的薪酬误区入手为企业提供一套系统解决方法
曹子祥教你做绩效管理 曹子祥　著	作者核心授课课程的还原，掌握绩效管理的核心内容	**曹子祥教你做激励性薪酬设计** 曹子祥　著	作者28年咨询经验总结，如何进行科学的薪酬体系设计
把招聘做到极致 远鸣　著	资深招聘经理多年工作心得的提炼	**把招聘做到极致2：灰度招聘全攻略** 黄渊明　李佳倩　著	从实战需求出发，兼容并包各种优秀的招聘理论、方法、经验与工具，并进行创新性的应用

续表

书名	内容	书名	内容
二、招聘·面试·培训			
把面试做到极致 孟广桥　著	一套实用的确定岗位招聘标准，提升面试官技能方法	世界500强资深培训经理人教你做培训管理 陈锐　著	构建培训体系、培训组织、培训文化、开发培训资源，教你做培训管理
把猎头做到极致 李佳倩　黄渊明　著	帮助猎头顾问从平庸走向优秀	招聘面试：用提问得到真相 陈硕　著	十二年资深HR招聘面试经验分享，教你学会如何提问
人才评价中心漫画版 邢雷　著	用漫画形式写成的人才测评专业书籍		
三、HR高管·劳动法			
经营型HRD 黄渊明　著	总结企业HRD如何支撑企业经营，抓好七件关键事情	人才供应链：实现高绩效均衡的人才管理模式 许锋　著	打造人才供应链的四大支柱、十项修炼的完整体系
新任HR高管如何从0到1 新海　著	到互联网创业型企业担任HRVP，从0到1建立较完善的HR体系	人力资源体系与e-HR信息化建设 刘书生　陈莹　王美佳　著	6大框架、28个关注点、5大目标、6大优势、166个交付物咨询体系和盘托出
集团化人力资源管理实践 李小勇　著	针对集团型企业人力资源管理的问题提出科学建议	我的人力资源管理笔记 张伟　著	第三方咨询视角跳出“技术方法”看人力资源管理
人力资源的5分钟劳动法 李皓楠　著	入职管理、在职管理、离职管理中遇到的劳动法问题及应对	海外人力资源管理：帮企业成功“走出去” 黄渊明　著	弥补了中国企业海外人力资源管理实践体系建设的空白，具有开创性意义
从零开始学：胜任力模型建模与应用 林丽萍　著	手把手教你做胜任力建模，并通过大量的企业案例拆解介绍模型在各个方面的落地应用	上市公司总经理助理工作笔记 黄娜　著	40个案例，教你从小白助理到资深总助
用好任职资格体系 杨序国　著	以某企业为案例，系统地介绍了企业HR如何通过任职资格体系帮助员工成长	胜任力模型咨询笔记 韩文卿　著	吸取和总结了世界500强企业的胜任力模型搭建体系和方法
四、HRBP			
HRBP是这样炼成的之菜鸟起飞 黄渊明　著	作者在初步转型HRBP两年时间里摸索实践的亲身经历与总结	HRBP是这样炼成的之中级修炼 黄渊明　著	结合作者亲身从事HRBP的工作经历，总结HRBP的作战故事
HRBP高级修炼 黄渊明　著	故事方式，HRD角度深度呈现运用HRBP的思维、方法		
企业文化			
企业文化落地本土实践 王祥伍　著	华夏基石“知信行”模型描绘企业文化落地路线图	企业文化的逻辑 王祥伍　著	从文化起源深刻剖析文化、效率、企业、企业文化联系
企业文化定位·落地一本通 王明胤　著	企业文化理念传播和落地聚焦的17种方法，解读了近100个实战案例	36个拿来就用的企业文化建设工具 海融心胜　著	汇集整理了36个通用的企业文化实践工具
企业文化激活沟通 宋杼宸　安琪　著	系统阐述沟通与企业文化的关系，给予企业提升沟通效能的企业文化解决方案	企业文化建设超级漫画版 邢雷　著	用漫画形式写成的企业文化建设专业书籍，理论体系和29个具体的操作方法
在组织中绽放自我 朱仁建　著	个人与组织之间的关系，文化对组织化形成的影响	用企业文化提升经营绩效 彭剑锋　尚艳玲　主编	企业要想在竞争中利于不败之地，就不能没有能打胜仗的企业文化与领导力
流程管理			
营销·研发·供应链业务架构与流程管理 谭勋晖　著	营销、研发、供应链三大业务流程变革实践经验总结	打造集成供应链 王春强　著	第一用力在“集成”上，梳理内外部相关模块及其依赖关系
人人都要懂流程 金国华　余雅丽　著	50幅流程管理漫画，内部对流程价值理念的高度共识	用流程解放管理者 张国祥　著	8个板块构成，共66篇文章，14幅流程管理图
用流程解放管理者2 张国祥　著	对中小企业规范化流程管理进行系统的阐述	跟我们学建流程体系 陈立云　罗均丽　著	在《跟我们做流程管理》的基础上丰富了标杆实践案例

续表

质量管理			
书名	内容	书名	内容
16949 质量管理体系落地与全套文件汇编 谭洪华　著	对 IATF16949 每个条款讲解采用理解、作用、落地、模板、成功案例模块解析	**ISO9001：2015 制造业文件模板全集** 贺红喜　著	五篇内容组成的完整的质量管理体系工具文件
精益质量管理实战工具 贺小林　著	四个方面对精益质量管理进行了全方位介绍和解读，并提供大量的方法工具	**五大质量工具详解及运用案例** 谭洪华　著	APQP、FMEA、MSA、SPC、PPAP 五大质量工具的具体运用
IATF16949 质量管理体系详解与案例文件汇编 谭洪华　著	针对 IATF16949 的标准原文做详细解说，同时提供大量的表单案例	**SA8000：2014 社会责任体系认证实战** 吕林　著	将 SA8000 多版本及 10 多年的体系实战经验汇编成书
ISO9001：2015 新版质量管理体系解读与案例文件汇编 谭洪华　著	对 ISO9001：2015 新版标准理解和运用操作进行详细解读	**ISO14001：2015 新版环境管理体系解读与案例文件汇编** 谭洪华　著	ISO14001：2015 改版后的差别和操作运用进行详细讲解
我在世界 500 强做供应商质量管理 宋华　著	分享汽车行业成熟的供应商质量管理体系和方法，都是作者的亲身经历	**ISO45001 职业健康安全管理体系落地+全套案例文件** 谭洪华　著	每个条款清晰讲解，内容完全落地，轻松运用
五大质量工具之 FMEA（2019 第五版）详解及运用落地 谭洪华　著	对 2019 年 6 月修订的第五版 FMEA 标准进行详解，提供落地操作方法和全部案例文件，可直接套用		
精益生产			
一、精益·JIT·IE			
精益思维：超越对手的力量 刘承元　著	以尊重人性的精益思想为切入点，分别从管理者的精益理念、精益思维、精益实践、精益中国制造等方面进行独到的分析	**比日本工厂更高效** 刘承元　著	管理提升无极限＋超强经营力＋精益改善里的成功实践
计划与物流精益改善之道 于晓光　著	围绕“计划与物流战略咨询的方法论”进行解析，提供方法论和案例	**300 张现场图看懂精益 5S** 乐涛　著	通过日本丰田、上市企业案例，用 300 张现场图系统讲解 5S 管理
3A 顾问精益实践 1：IE 与效率提升 党新民　苏迎斌 蓝旭日　著	系统、全面地介绍 IE 工厂管理技术，提高效率创造价值	**3A 顾问精益实践 2：JIT 与精益改善** 肖智军　党新民　著	系统、全面地介绍 JIT 生产方式，并加入实践案例
高员工流失率下的精益生产 余伟辉　著	从三方面论述推行精益管理时如何应对员工流失	**让员工爱上 6S 管理** 肖智军　著	提供了众多企业的原版资料、案例，还汇集了一些企业骨干的推行感想、感悟及反思
200 张图表学精益管理：IE 工厂效率提升方法 刘秀堂　著	IE 工程师视角，全是一线经验。精益落地的实操方法，大量图表工具让你上手就能做		
二、生产管理			
化工企业工艺安全管理实操 黄娜　著	围绕化工工艺安全 14 要素来展开分析	**手把手教你做专业生产经理** 黄娜　著	生产经理如何在信息流、物流、资金流三大流中开展工作

续表

书名	内容	书名	内容
欧博心法：好工厂 靠管理 曾伟 著	从管人篇和管事篇帮助读者解决人难管、事难控	欧博工厂案例1：生产计划管控对话录 曾伟 曾子豪 著	工厂管理生产计划管控模块的8个全景细节大案例
欧博工厂案例2：品质技术改善对话录 曾伟 曾子豪 著	工厂管理品质、技术、效率管理模块的10个全景细节大案例	欧博工厂案例3：员工执行力提升对话录 曾伟 曾子豪 著	工厂管理人员管控模块的5个全景细节大案例
工厂管理实战工具 曾伟 著	中国传统文化指导下的工厂管理工具	制造业成本倍减42法 王天江 著	42种经过实际验证有效的成本降低方法，用61个真实案例说明
制造企业上10亿其实并不难 杨小林 著	年产值1亿～10亿元中小制造企业在工厂经营和管理上的业务指导		
三、班组长			
全能型班组：城市能源互联网与电力班组升级 国网天津电力公司 著	从互联网时期的班组转型升级出发，对新型班组组织模式和运行机制进行设想	国网天津电力全能型班组建设实务 国网天津电力公司 著	聚焦天津电力公司在探索全能型班组转型升级时的优秀实践
咨询·培训师			
培训师事业长青之道 廖信琳 著	培训师自我管理的“洋葱模型”、十项内容与五个层级	管理咨询师的第一本书 熊亚柱 著	深度剖析初级入行咨询师在工作中遇到的问题
资深管理咨询顾问工作心得 张国祥 著	使用手册讲述咨询师如何操作项目、老板如何选择咨询师、企业如何自主落地	手把手教你做顶尖企业内训师 熊亚柱 著	从开、控、收、编、制、用的角度去履行培训师的职责
TTT培训师精进三部曲上 廖信林 著	手把手教你“深度改善现场培训效果”的一招一式	TTT培训师精进三部曲中 廖信林 著	建构一整套培训课程设计与开发的认知架构和方法体系
TTT培训师精进三部曲下 廖信林 著	通过“沉淀职业功力的六度模型”，帮助培训师在职业技能上持续精进		
产品·研发			
研发体系改进之道 靖爽 陈年根 马鸣明 著	取材数十家企业研发改进的咨询实践，提炼一套实操的改进步骤与工具	新产品开发管理，就用IPD（升级版） 郭富才 著	把产品经营的思想凝结在新产品开发管理机制中，升级版更丰富
产品开发管理：方法·流程·工具 任彭枞 著	结合超过300家企业的实际研发管理方法，总结问题和方法，大量表格	资深项目经理这样做新产品开发管理 秦海林 著	采用过程管理方法，对新产品开发的四大过程进行分析，主要针对小电器产品
产品炼金术Ⅰ：如何打造畅销产品 史贤龙 著	打造畅销产品的四个方法	产品炼金术Ⅱ：如何用产品驱动企业成长 史贤龙 著	从经营者视角重新认识产品，快速诊断产品现状
快消品产品开发方法：打造快消爆品 张荣举 著	提供整套实战性的思维、方法、技能和工具，直接带有表格及公式，一看就能上手